Sogar Engel brauchen Flügel

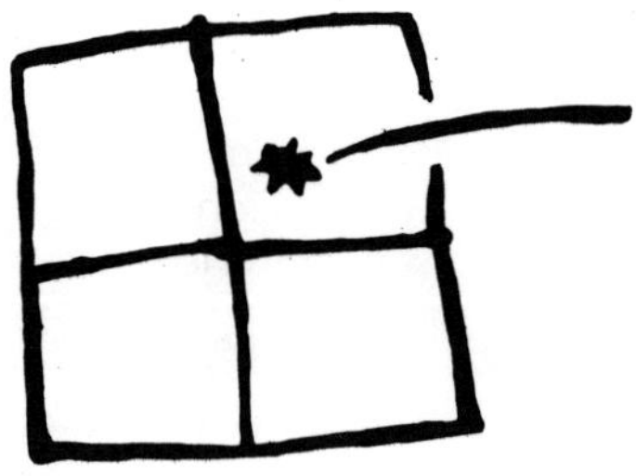

Sogar Engel brauchen Flügel, um Gott sehen zu können.

Wir Menschen benötigen sie ebensosehr. Unsere Flügel beschafft uns die Liebe - unsere kleine aber doch kluge Liebe - die "wie eine Wolke am Morgen (ist) und wie der Tau, der bald vergeht" (Hos.6, 4).

Die Liebe offenbart sich uns in der Hoffnung, die Aufmerksamkeit heißt und auch unsere eigene Aufmerksamkeit hervorruft. Sie ist ein Warten, das uns Liebe kostet - "costing not less than everything" (T.S. Eliot) - und eben die Liebe ist.

In diesem Warten kommen wir zu uns selbst und auch zu Gott, der uns mit unserem eigenen Namen anspricht.

Nur in der Liebe erkennen wir unsere Berufung und erfassen wir unseren Weg zu Gott.

Die Liebe kostet uns das Leben aber beschenkt uns auch damit.

Andrzej Wierciński

Sogar Engel brauchen Flügel

Theologische Schriften

Band 1

Elan & son

Andrzej Wierciński

Sogar
Engel brauchen Flügel

Elan & Son

Wierciński, Andrzej: Sogar Engel brauchen Flügel, Elan & Son 1989
ISBN 0 9514666 0 7

Design by Andrzej Ćwiek

Published by
Elan & Son
Wallcrouch
WADHURST, East Sussex,
TN5 7LJ
Great Britain

Laserset
Printed in Great Britain by Coker Printers, Tunbridge Wells

ISBN 0 9514666 0 7

Denen, die ich liebe

Streben nach Gott

Die Nähe Gottes spüren zu können, ihn mit reinem Herzen zu erfahren, ist die größte Gnade jeder persönlichen Erlösungsgeschichte.

Im Zentrum dieser Heilsgeschichten steht das Streben nach Gott, der unsere unruhigen Herzen ganz persönlich mit eigenem Namen anspricht. Diesem Streben bleibt jedoch die Möglichkeit - sogar die Notwendigkeit - nicht erspart, daß wir falsch suchen und auf Holzwege geraten. Es ist die direkt erkennbare Konsequenz der conditio humana, die mit dem Siegel der Erbsünde behaftet ist. Dennoch kann Jeder, der sich bemüht, in seinem Leben die außergewöhnliche Fügung Gottes entdecken, der aus den Irrwegen immer wieder zu sich selbst einlädt. Dieses Geheimnis wird von der Kirche besonders in der Fastenzeit gepflegt, wenn sie die Meschen zur Bekehrung und zum Lebenswandel aufruft. Ferner waltet das Geheimnis der Kirche zwischen der Feier der Geburt Jesu und dem Andenken an sein Sterben am Kreuze. Diese Tradition haben wir von unseren ehrwürdigen Vätern erhalten. In solcher Tradition sind wir aufgewachsen. Wir wollen sie - als lebendiges Zeichen und Zeugnis - unserer Zeit bewahren und vermitteln. Die Erfahrung dieser Tradition verstehen wir als die Stimme des Herrn. Diese Stimme ist zugleich die Besinnung über das Wort des lebendigen Gottes, besonders in unserer Zeit, in der das Gefühl für Transzendenz so gewaltsam stumm gemacht wird.

14

Das Wesen der christlichen Existenz zeigt sich im Gebet. Das ist der modus vivendi der Existenz schlechthin, die Art und Weise der Existenz in Gott. Die Tiefe dieses geheimnisvollen Lebens ist nur im Aufmerksamsein zu erfahren, im wirklichen Warten auf Gott, der in so wunderbarer Weise immer anders zu uns spricht, immer anders sich uns offenbart. Das Warten schließt die Offenheit für das auf uns Zukommende mit ein. Man muß sich von Gott überraschen lassen können, von Anfang an, im Glauben, daß der, der zu uns spricht, unser Gott ist. Deswegen drückt sich schon in dieser Aufmerksamkeit, diesem Warten auf Gott, das Eigentliche des Christentums aus. Viele von uns wollen ihr eigenes Leben in der Aufmerksamkeit verbringen. Es handelt sich darum, sich so eindeutig aufmerksam zu machen, daß man selbst die Aufmerksamkeit wird. Man ist dann nichts mehr als reine Erwartung, die höchste Potentialität, ein Herz das sich schon in der irdischen Existenz ganz mit Gott selbst füllen läßt - und nur mit ihm. Dieses Warten auf Gott, die lebenslang dauernde Wache, ist nicht nur für das rein kontemplative Leben möglich oder empfehlenswert. Jeder, der das Wort Gottes hört, muß sich irgendwann auch angesprochen fühlen. So wird die Zeit, von der menschlichen Existenz her gesehen, in das Wesen des Lebens mit Gott mit einbegriffen. Nur in der Zeit geschieht die Geschichte unserer Erlösung, nur solange wir noch auf dem Wege sind, solange wir aufmerksam auf Gott warten und ihn im Zeichen der Liebe suchen, die uns Leben schenkt, das Leben in Fülle.

Die Begegnung mit Gottes Wort, mit seiner ungeheueren Kraft, fasziniert uns mehr und mehr. Das Wort lehrt, die Überraschungen der göttlichen Gnade im Glauben zu erwarten und auch anzunehmen. Das ist das Wort des Lebens.

In diesem Leben erreichen wir unser Leben. In ihm werden wir zu Gottes Ehre, so wie wir eben sind und durch die Welt gehen, in allen menschlichen Dimensionen:

schleichend langsam
noch so viele Seiten vor uns

Gott ist denen nahe, die ihn suchen. Er ist der Gott Abrahams, Isaaks und Jakobs. Er ist der Gott Jesu Christi. Er ist auch unser Gott. In ihm *"leben wir, bewegen wir uns und sind wir" (Apg.17, 28)* am Wirklichsten. In ihm bilden wir die wahre Gemeinschaft der Liebe, damit unsere Freude vollkommen sei.

Vorsehung

Sokrates hat vergessen
daß Philosophie Poesie und Kunst
sich von Fladen
und Wasser
ernähren

Er hat vergessen
daß man sich vor dem kühlen Wetter
in der Dämmerung
außerhalb der Mauern Athens
mit einem alten Mantel
schützen soll
er war zu arm
sich einen neuen zu kaufen

Gott sah dies
und schickte ihm Xanthippe

Versehen

Xanthippe sitzt
im Schatten der Idee
Zeile um Zeile
muß diese wachsen
aus Kunst
kommt Poesie
dann der Gedanke
den die Philosophen suchen

doch die Idee ging verloren
die Mahlzeit ist vergoren
der Alltag gestört

und Sokrates schnarcht

Ella J.G. Dunkley

Erwartung

"Höre, Israel ! Jahwe, unser Gott Jahwe ist einzig. Darum sollst du den Herrn, deinen Gott, lieben mit ganzem Herzen, mit ganzer Seele und mit ganzer Kraft. Diese Worte, auf die ich dich heute verpflichte, sollen auf deinem Herzen geschrieben stehen. Du sollst sie deinen Söhnen wiederholen. Du sollst von ihnen reden, wenn du zuhause sitzt und wenn du auf der Straße gehst, wenn du dich schlafen legst und wenn du aufstehst" (Dtn.6, 4-7).

20

Euer Herz lasse sich nicht verwirren

Was ist eigentlich im menschlichen Leben wichtig? Jeden Tag lernen wir andere Leute kennen, neue Meinungen und Urteile. Wir erleben ganz konkret, daß unsere Erkenntnisse und Lebenserfahrungen unvollkommen sind. Je mehr wir wandern und lernen, desto mehr stellen wir fest, daß alles noch nicht das ist, wonach wir streben. Oft kommen Zweifel; es treten sogar Relativismus oder Agnostizismus in unseren Leben auf. Trotz all diesen Schwierigkeiten treffen wir auf dem Wege Christus. Er ermahnt uns: *"Euer Herz lasse sich nicht verwirren" (Joh.14, 1).* Jesus hilft uns auch, seine Ermahnung richtig zu verstehen: *"Ich bin der Weg, die Wahrheit und das Leben" (Joh.14, 6).* Er ist. Er geht mit. Also hat doch das Streben nach ihm, um ihn im Kontext der alltäglichen Erfahrungen erleben zu dürfen seinen Wert. Jesus garantiert mit keinem Wort, daß die, die ihn suchen, ihn schnell, oder mit großen und bedeutenden Ergebnissen finden würden. Er lädt vielmehr ein, einfach nach ihm zu suchen. So lange, als wir unterwegs sind, noch fern von unserem Vater.

Lassen wir uns vom Geist Gottes leiten, alle, die wir von ihm zur Freiheit berufen sind, mit ihm sein zu wollen. Rufen wir zu ihm: *"Unsere Seele dürstet nach dir, nach dem lebendigen Gott" (Ps.63/62, 2).* Das ist doch die gemeinsame Ebene für alle, ob sie noch in der Ferne oder schon in der Nähe sind.

21

Sei in unserer Mitte, Herr

Die Begegnung mit Jesus macht uns aufmerksam auf sein Wort, auf seine Lebensweise, die für uns ein Modell sein kann. Jesus benutzte jede Gelegenheit, über seinen Vater zu sprechen. Er tat dies gerne im Tempel, wo er die Schriften erklärte. Dadurch erlebte er auch immer ganz besonders schmerzhaft, was die Menschen aus dem Tempel Gottes machen.

Wenn wir zur Kirche gehen, wenn wir uns an diesem heiligen Ort befinden, dann sollten wir merken, was wir eigentlich dort suchen. Was machen wir aus dem Tempel unseres Gottes? Handelt es sich nicht etwa nur um kleine geistige oder materielle Interessen, die uns dort festhalten?

Das Wort Gottes kommt zu uns jedesmal als Geißel. Wir brauchen eine solche Geißel, da wir wissen, wieviel Unreinheit noch in unseren Herzen liegt. Wir wissen, mit welcher Art von Eifer unser Herz erfüllt ist.

Wir bitten Gott: dein Name sei auf ewig bei uns, in uns, in unserer Mitte. Dann werden wir niemals wankelmütig werden.

22

Die Liebe ist Warten

Auf der Suche nach dem modus vivendi mit Gott sind wir jedesmal auf unsere menschlichen Mittel angewiesen. Je eifriger wir nach Gott streben, desto häufiger müssen wir uns die Frage stellen, die Jesus der Menge gestellt hat: *"Was habt ihr denn sehen wollen?" (Mt.11, 8)*. Diese Frage klingt in unseren Ohren. Es bleibt uns als Aufgabe für das ganze Leben, die Antwort auf diese Frage zu finden. Deswegen ist es so wichtig, den Weg als Aufmerksamkeit zu gehen. Fragen wir uns, was wir finden und sehen wollen. Warum versammeln wir uns und werden die Gemeinschaft der Glaubenden: um unsere Pflicht zu erfüllen, um unseren persönlichen Bedürfnissen nachzukommen, oder vielleicht, weil es in einer kleinen Gemeinschaft gar nicht anders geht...?

Jede Antwort ist eine Antwort auf das Wort, das aus der Wüste ruft. Nur als Verantwortliche können wir antworten. Wir sind schon von Anfang an von Gott angesprochen. Er wartet auf unsere Antwort, auf unsere Bereitschaft, mit ihm einen Dialog zu führen. Bevor er selbst kommt, läßt er sich erwarten. Schon in der Zeit der Erwartung, des Wachens, schickt er sein Wort. Das Wort, das Blinden wieder zu sehen verhilft, Lahmen zu gehen, Tauben zu hören, Toten aufzuerstehen.

Im Leben der Christen bleibt immer dieselbe Aufgabe: das Wort, das zu uns kommt, als Gottes Wort anzuerkennen; in diesem Wort die Nähe der Anwesenheit Gottes zu erfahren, der uns auf sein Kommen aufmerksam macht. Die brennenden Adventskerzen bringen in unser Warten die Wärme, die Stille und Hoffnung. Im Warten auf den kommenden Erlöser ist seine Liebe schon präsent. Die Liebe, die das Warten ist.

24

Gehorsam des Glaubens

Im Evangelium hören wir immer wieder das Wort Gottes über die Geduld und Hoffnung. Jede Hoffnung ist inhaltlich verbunden mit der Erwartung, mit einem geduldigen Warten. Schon dieses Warten hat eine schöpferische Kraft. Das Werdende, das, was zu uns kommt, was wird, öffnet uns gegen uns selbst, bringt uns eine neue Perspektive. Die Erwartung, in dieser Perspektive der Hoffnung, ist schon die Gegenwart, die das Teilhaben am Zukünftigen ist.

Die Erwartung ist immer die Zeit zum Nachdenken, zum Überlegen, in aller Stille und ganz gründlich. So ist es auch mit Josef geschehen, der mit Maria verlobt war. Als es sich zeigte, daß Maria ein Kind erwartete, wollte er sich von ihr trennen. Er war doch der Gerechte, der streng die Gebote Gottes erfüllte. Er hatte vor, sie insgeheim wegzuschicken. Er konnte diese Entscheidung wählen, weil alle moralischen und religiösen Kategorien dies geboten. Da kam zu ihm der Engel des Herrn im Traum und zeigte ihm die neue, unsichtbare Perspektive. Dann *"nahm Josef seine Frau zu sich" (Mt.1, 24).*

Das Erwarten, in der Perspektive der Hoffnung, der Zeit des Gebetes, der Meditation der göttlichen Heilstaten, ist immer eine große Gnade des Herrn. Aber man kann selbst diese Zeit nicht als etwas absolut Gutes ansehen. Alles, was von Menschen kommt ist menschlich, endend und begrenzt. So ist es auch richtig. So muß es sein. Gott weiß das. Er hat uns so geschaffen. Aber die richtige Erwartung, tiefe Adventszeit, ist immer eine gewisse Offenheit für das, was uns übersteigt, was größer als unser Nachdenken ist, größer als unsere menschlichen Kategorien. Nur in dieser andauernden Offenheit gegenüber dem Wort Gottes können wir die für uns wichtigen Entscheidungen überhaupt finden, die trotzdem nicht unbedingt mit unseren Gedanken übereinstimmen.

Die Adventszeit ist die Zeit des Gehorsams im Glauben. In diesem Gehorsam erleben wir die Hoffnung, die für uns, für unsere Erlösung Fleisch wird.

26

Bleibet wach

Die Zeit der Erwartung und der Vorbereitung geht auch immer schon ihrem Ende zu. Ad-venio heißt unterwegs sein, gerne in der Nähe sein, ganz nah. Das ist eigentlich die schönste Dimension des christlichen Lebens: auf dem Wege sein. Immer noch. Mit Freude. Ganz ernst, nicht teilweise, immer schon im Ganzen, ohne Vorbehalte. Da - sein. Unterwegs sein. Also in der Bewegung, in einer dem Ziel zugewandten Bewegung. Im Streben nach dem Absoluten. Eine persönliche Beziehung zu dem Absoluten ist in dieser Fähigkeit eingeschlossen. Eine tiefe eigene Einstellung zum Ziel.

Unterwegs kann man müde sein. Man kann überdrüssig sein, des Lebens satt. Besonders, wenn der Weg lang ist, wenn man keine Hilfe erspäht. Und immer wieder kommt die Aventszeit: zur Erfrischung der Kräfte, als Stärkung.

Die Adventszeit ist eine Chance, die aus der Erwartung entsteht, die aus ihr - aus dem Wachsein - gemacht ist. Wenn wir nur wach blieben! Wenn wir nur mit Maria singen würden: *"Meine Seele preist die Größe des Herrn" (Lk.1, 46).* Dessen der immer nahe ist.

Selig, die warten

Es gibt keine Stunde ohne Warten. Das Warten ist eine Lebenseinstellung zu der uns Christus ruft: *"Seid ihr wie Menschen, die auf die Rückkehr ihres Herrn warten, und die ihm öffnen sobald er kommt und anklopft"* *(Lk.12, 36)*. Das ist unsere Aufgabe: sogleich öffnen. Das Warten ist keine Sache die uns erniedrigt und begrenzt. Es macht uns sogar glücklich. Warten ist nicht nur 'nichts tun'. Warten ist die Einstellung auf das Leben des Anderen. Es ist schon die Zeit für den Anderen. Das ist der beste Teil von uns, den wir geben können. Ohne weitere Erwartungen. Ganz einfach. Gerade das ist die Art und Weise, für den Anderen zu leben.

Die frohe Botschaft kommt immer mit der Aufforderung zum Warten. Christus selbst ist diese frohe Botschaft. Die Zeit unseres Wartens auf die Begegnung mit der lebendigen Wahrheit, die Zeit des Gebetes, des Wohltuns ist die Zeit, die für uns und zugleich für den Anderen bestimmt ist. Sie ist auch die Zeit für Gott, der mitten unter uns ist.

Selig, die es verstehen. Selig, die warten.

Abschied - Jan Steen

Hagar weine nicht
du hast doch kräftige Füße
einen Lederschlauch mit Riemen befestigt

Abraham
umfaßte dich das letzte Mal
verschämt wie in jener Nacht
und Ismael

schau
der Junge beklagt sich nicht wie du
in der Wüste kann man spielen
bis zum letzten Schluck Wasser
danach erst trauern

Hagar
weine nicht
bitte
geh' schon

30

Im Feuer geprüft

Das Wort Gottes kommt zu den Menschen im Zentrum ihrer Existenz. Es begegnet ihnen im konkreten Kontext ihres Lebens. Es erfordert von ihnen eine wahre Vorstellung von Gott. Erst dann wird es möglich, aus dem Empfang des Wortes etwas Ernstes zu machen. Jesus sagte: *"Ich bin gekommen, um Feuer auf die Erde zu werfen" (Lk.12, 49)*. Feuer der Reinigung und des Heiles. Feuer für die Reinigung der Denkweise über Gott, um zu verstehen, daß Gott anders sieht und denkt, daß menschliche Wege oft nicht Gottes Wege sind. Wir brauchen immer dieses Feuer, die Spaltung, um unsere menschlichen Erwartungen und Vorstellungen zu prüfen und zu korrigieren. Wir wollen nicht mehr Alte in Gott bleiben, sondern Wiedergeborene in Gott sein. Das ist die Hoffnung, die Kraft, die als Gnade zu uns kommt.

Wir gehen, im Feuer geprüft und erneuert, in unsere Gemeinschaften zurück, zu unseren Freunden, unseren Gegnern. In der Begegnung mit ihnen erfahren wir, daß Gott anders denkt, daß unsere menschliche Denkweise immer der Änderung bedarf.

Der Herr steht vor uns mit dem heilbringenden Feuer. Lassen wir es brennen. In diesem Feuer erkennen wir Gott, der zu uns kommt. So wie er ist, nicht nur so, wie wir ihn uns vorstellen.

Jung in Gott sein

Im Evangelium handelt es sich um Erwartungen. Es ist nicht nur wichtig, sich an den letzten Platz zu begeben: das Entscheidende ist die Motivierung bei der Erwartung. Man kann in der Ecke bleiben, immer nur in der Ecke, dabei aber sich quälen, daß man nicht schon weiter oben sitzt. Es kann sein, daß man in der Ecke nur abwartet, wann denn der Gastgeber endlich kommen wird und zum vornehmeren Platz führt. Aber wenn die Erwartungen auf das Bessere unsere Herzen beherrschen, dann besteht keine Freude am Zusammensein, sondern nur Qual und Traurigkeit der Erwartungen, der Ungewißheit.

In Gott kann man nicht alt sein. Immer nur jung. Man muß immer suchen, korrigieren, neu entscheiden. Jede Sicherheit, die wir uns selbst aufbauen hat als Konsequenz, daß wir uns wieder von Gott entfernen. In Gott jung sein, jung und frisch bleiben, in der Hoffnung, daß die Liebe Gottes in uns die Kraft zum Leben schafft: solche Hoffnung ist die Kraft der Erwartung. Sie verwandelt die Welt. Und uns in der Welt.

32

Die Hand des Herrn

Bevor uns Christus geboren wird, freuen wir uns, daß Johannes, der Sohn von Elisabeth und Zacharias, zur Welt gekommen ist. Die Kirche bereitet uns vor zur Freude der Heiligen Nacht, die bald kommen wird, so wie auch Gott das Volk durch die Propheten vorbereitet hat: *"Das Herz der Väter wird sich wieder den Söhnen zuwenden, das Herz der Söhne ihren Vätern" (Mal.4, 24).* Die ganze Weltgeschichte zeigt offensichtlich, wie die Hand des Herrn sie lenkt, unabhängig von den vielen Weltkatastrophen, den Unglücken, und auch von den Entdeckungen und Verbesserungen, die durch die Menschen zustande kommen. Gott hat seine eigenen Wege, auf denen er, der Mächtige, den Menschen als Einzelnen und auch in der Gemeinschaft berührt. Diese Wege sind nicht immer unsere Wege. Nicht in jedem Fall stimmen unsere Vorhaben mit der göttlichen Vorsehung überein.

Die Aventszeit hilft uns, über unsere Wege nachzudenken. Langsam. Ein Schritt nach dem anderen. Schon bald zeigt sich, ob wir diese Zeit treu erfüllt haben, ob wir wieder unseren Mund und unsere Zunge benutzen können, ob wir reden und dabei Gott preisen können. Es zeigt sich, ob auch für uns Gott geboren werden wird.

Es wird schon bald sein. Aber, bevor er kommt, sollen wir sein Wort, das uns seine Ankunft ankündigt entgegennehmen. Verstehen wir es als Zeichen, daß die Hand des Herrn wirklich auch mit uns ist.

Lassen wir uns vom Heiligen Geist inspirieren

Der Evangelist Lukas berichtet uns kurz: *"In jener Zeit wurde Zacharias vom Heiligen Geist erfüllt und begann prophetisch zu reden" (Lk.1, 67).* Sein Lobgesang klingt in unseren Ohren. Seine Worte lesen wir am Beginn jedes neuen Tages als Lobpreis des Lichtes, das zu uns kommt. Solch kurz und schön ausgedrückte Dankbarkeit für Gott, der sein Volk besucht: diese Worte - so betont es Lukas - klingen prophetisch. Sie stammen aus dem Herzen und sind vom Heiligen Geist erfüllt.

Der Mensch erlebt die großen Taten des Herrn. Die Welt, und der Mensch in der Welt, das sind die Wunder, die Zeichen der Anwesenheit Gottes. Der richtige Lobgesang dieser großen Macht ist das Wirken des Heiligen Geistes, weil nur er zum tiefsten Wesen der Welt und des Menschen Zugang hat, das heißt: Gott zu preisen und dem Menschen Freiheit zu verkünden, jene Freiheit, die vom Schöpfer kommt, als Erfüllung des Eides, den Gott dem Abraham geschworen hat.

Jeden Tag versuchen wir, Gott unsere Dankbarkeit zu zeigen, mit unseren Gedanken, Worten und Werken. Doch am schönsten, und auf vollendete Weise, tun wir das in der Liturgie der Kirche, durch die vom Heiligen Geist inspirierten Worte. Singen wir heute in der Nähe dessen, der uns bald geboren werden wird, mit der ganzen Kirche: *"Gepriesen sei der Herr, der Gott Israels, denn er hat sein Volk besucht und ihm Erlösung geschaffen" (Lk.1, 68).* - Der Herr ist nahe.

"Gepriesen sei der Herr, der Gott Israels !

Denn er hat sein Volk besucht und ihm Erlösung geschaffen;
er hat uns einen starken Retter erweckt
im Hause seines Knechtes David.
So hat er verheißen von alters her
durch den Mund seiner heiligen Propheten.
Er hat uns errettet von unseren Feinden
und aus der Hand aller, die uns hassen;
er hat das Erbarmen mit den Vätern an uns vollendet
und an seinen heiligen Bund gedacht, an den Eid, den er unserem Vater Abraham geschworen hat;
er hat uns geschenkt, daß wir aus Feindeshand befreit,
ihm furchtlos dienen in Heiligkeit und Gerechtigkeit
vor seinem Angesicht all unsere Tage.
Und du, Kind, wirst Prophet des Höchsten heißen,
denn du wirst dem Herrn vorangehn
und ihm den Weg bereiten.
Du wirst sein Volk mit der Erfahrung des Heils beschenken
in der Vergebung der Sünden.
Durch die barmherzige Liebe unseres Gottes
wird uns besuchen das aufstrahlende Licht aus der Höhe,
um allen zu leuchten, die in Finsternis sitzen
und im Schatten des Todes,
und unsere Schritte zu lenken auf den Weg des Friedens"
(Lk.1, 68-79).

Das tiefste Geheimnis der Adventszeit ist die Erwartung. Die Bereitschaft, alles was geschieht anzunehmen. Ohne es zu prüfen, zu fragen, zu fürchten. Die Erwartung, in der Dynamik die uns aufmerksam macht, die uns zur Aufmerksamkeit macht, ist schon das Teilhaben an dem Erwarteten. Nur in dieser Aufmerksamkeit können wir sagen:

ad - venio

ich komme zu dir, der du zu mir kommst.

Anbetung des Kindes

"Die Liebe Gottes wurde unter uns dadurch offenbart, daß Gott seinen einzigen Sohn in die Welt gesandt hat, damit wir durch ihn leben" (1 Joh.4, 9).

38

Solange wir noch leben

Der Heiland ist uns geboren. Diese Nachricht erfüllt unser Herz mit Freude. Der Erwartete ist schon gekommen. Die Hoffnung hat sich vollendet. Alles ist eigentlich sehr einfach. Dem gegenüber ist es aber wirklich schwierig, dieses Geheimnis in seiner Fülle zu verstehen, zu erschöpfen.

Maria hat in Bethlehem Jesus geboren. In der Stille der Krippe, *"weil in der Herberge kein Platz für sie war" (Lk.2, 7).* Es war dort noch Josef, ihr Verlobter. Eine Gemeinschaft von drei Personen: die Gemeinschaft der Liebe, der Unsicherheit, der Sorge in der Armut. Das Geschehen war bei der Krippe umfaßt; die Gäste feierten in der Herberge, andere waren mit ihren Geschäften beschäftigt. In der Umgebung lagerten Hirten auf freiem Feld. Sie hielten Nachtwache bei ihrer Herde. Die Hirten sind immer ganz besonders wachende Leute. Ihr Leben läßt sich im Wachen zusammenfassen. Sie haben in dieser hochheiligen Nacht die Erfüllung von Israels Warten erlebt. Der Engel des Herrn hat sie besucht. Sie fürchteten sich sehr. Das ist eine ureigene menschliche Erfahrung. Der Mensch ist von alleine immer nur fähig, die Angst des Lebens zu erleben. Die Ruhe, die Sicherheit, die Ordnung des Herzens, diese kommen erst durch Gottes Gnade. Sie übersteigen die menschlichen Fähigkeiten. So wie der Engel in den Hirten Angst erweckte, so hat er dann auch ihre Herzen mit Ruhe gefüllt. Der Mensch braucht sich nicht zu fürchten, wenn er die Botschaft des Engels hört, die Botschaft vom Retter, der uns geboren ist, um den Menschen ein helles Licht zu bringen.

Die Hirten haben sich beeilt, die ihnen verkündete Wahrheit zu erleben. Das ist das größte Ereignis des Lebens: die geoffenbarte Wahrheit als Wahrheit des Lebens zu erkennen und anzuerkennen.

Wenn wir das Evangelium lesen, denken wir an Maria, an Josef und an die Hirten. Sie alle haben die Probe ihres Glaubens bestanden. Maria, die ihr *fiat* zu Gottes Wort, das in ihr Wohnung fand, in voller Demut ausgesprochen hat; Josef, der geglaubt hat, daß Maria, seine Verlobte, vom Heiligen Geist erfüllt war; die Hirten, die der Nachricht des Engels gehorsam Maria, Josef und das Kind, das in der Krippe lag fanden. Die Kraft des Glaubens kommt bei keinem Fall vom Menschen, wohl aber nicht ohne menschliches Mitwirken. Das Ja zur göttlichen Offenbarung, zu dem, der für uns Fleisch angenommen hat ist immer wieder die Chance, die uns gegeben wird. Aber wie antworten wir Gott? Was bringen wir ihm als unsere Bereitschaft, in dieser Nacht?

Wir leben in pluralistischen Staaten, in einer Zeit, in der der Mensch nach dem demokratischen Leben strebt. Wir erfahren den Relativismus der Wahrheit, die uns doch in einer alle anderen Werte ausschließenden Weise dargestellt wird. Sehr oft wissen wir nicht mehr, was die Wahrheit ist. Wir brauchen immer dieses Prüfen unseres Glaubens, um zu sehen, ob wir noch fähig sind, die uns geoffenbarte Wahrheit als die höchste Wahrheit zu erleben und zu erfahren. Deswegen ist Gott uns wieder geboren worden. Als Ermutigung, als Stärkung in unserer Schwachheit. Aber nur diese Wahrheit, die in der Dunkelheit als Licht kommt, können und müssen wir ohne Prüfung annehmen. So wie Maria, Josef und die Hirten. Diese

Wahrheit prüft unsere menschlichen Fähigkeiten. Alles andere, das, was vom Menschen kommt hat nicht dieselben Rechte, hat keinen Grund, die letzte und einzige Wahrheit zu sein. Das Leben reicht nicht aus, diese Wahrheit immer frisch und ohne zu ermüden nachzuprüfen.

In der Heiligen Nacht bringen wir Gott unseren Glauben, die Frucht unseres Advents. Aber wir bringen ihm auch unsere Unsicherheit, unsere Angst, die unser Herz in Wirklichkeit erfüllen. Alles in der Hoffnung, daß hier heute das Unmögliche geschehen kann. Es sei uns eine rechte Ermutigung, eine richtige Freude, daß wir bereits auf dieser Erde mit den Engeln singen können:

"Verherrlicht ist Gott in der Höhe
und auf Erden ist Frieden
bei den Menschen seiner Gnade" (Lk.2, 14).

Diese Freude erleben wir als die Kraft des Glaubens. Als Geschenk des neugeborenen Erlösers.

Die Anbetung des Kindes -
Hugo van der Goes

du breitest die Hände nicht aus
du schaust nicht verschämt
Meister Hugo
hat dich den Stock behalten lassen
den Hut über dem Herzen
dank deiner Augen
durch die ihn Feuereifer getroffen

das mußte mit Besessenheit enden
die Annalen des Roode Klosters
nennen sie maßvoller
schwierige Depression

zu Jesus hinlaufen
mit der rastlosen Nacht
in den Augenlidern

den mannigfaltig
von den Glöckchen gestalteten
Lebensrhythmus
abwerfen

reiten
reiten mit offenem Munde

42

Die wahre Weisheit

Wir sind noch ganz erfüllt von der Freude, daß der Heiland für uns geboren worden ist. Wir haben auch erfahren, was die Wahrheit bedeutet, die uns geoffenbart worden ist. Die Wahrheit, die Maria, Josef und die Hirten im Gehorsam des Glaubens angenommen hatten und nach der sie lebten. Heute schon lesen wir in der Apostelgeschichte, in direkter Verbindung mit der Freude des Feierns, die Überlieferung vom Märtyrertod des Stephanus.

Die Kirche beeilt sich, uns zu ermahnen, die geborene Wahrheit völlig anzunehmen. Es gibt doch gar keine andere Möglichkeit. Für die Wahrheit kann man nicht teilweise einstehen. Natürlich geht es um die Wahrheit des Lebens, die einzig ist, die uns als Weisheit menschgeworden ist.

Das Leben in der Welt bringt uns immer die Spannung zwischen den Möglichkeiten der menschlichen Vernunft und der göttlichen Weisheit. Das war schon immer so. Das ist auch jetzt so. Viele können doch der Weisheit und dem Geist, mit dem die Kirche spricht, nicht einfach widerstehen. Dann geschieht es so, wie Stephanus es erlebte: sie nehmen Steine, und werfen sie auch.

Wir wollen uns freuen, daß die Kirche immer noch ein wirkliches Zeichen des Widerstreits ist. Solange es so ist, solange wird sie das Testament Christi erfüllen: *"Ihr werdet um meines Namens willen von allen gehaßt werden"* (Mt.10, 22).

Solange wir in unseren irdischen Gefäßen an der Hoffnung festhalten, sind wir Christus und der Kirche gehorsam. Dies ist unsere Aufgabe für das ganze Leben, für jeden neuen Tag. Doch nur der, der *"bis zum Ende standhaft bleibt, der wird gerettet" (Mt.10, 22)*. Die neugeborene Wahrheit ruft uns auf, für Leben und Glauben Zeugnis abzulegen. Wir dürfen das nicht vergessen.

Wir sind nicht mehr dieselben. Die Welt ist auch nicht mehr dieselbe. Gott ist in die Welt gekommen. In seine Hände legen wir voll Vertrauen unser Schicksal.

44

Der Zugang zur Wahrheit

Das Geheimnis von Weihnachten hat uns aufgefordert, dem kommenden Erlöser unsere persönliche Antwort zu geben. Wir können dennoch die Wahrheit dieser heiligen Nacht nicht erschöpfen. Im Licht des Glaubens beten wir sie an. Diese Wahrheit ist uns geoffenbart: das Wort, das unsere menschliche Natur angenommen hat. Dieses Wort bleibt unter uns.

Johannes der Evangelist gibt uns Zeugnis, daß dieses Wort lebt; Wort, das vom Anfang an war, das die Apostel gehört haben, das sie geschaut und das ihre Hände angefaßt haben. Dieses Wort verkünden sie uns. Sie helfen uns, den Zugang zur Wahrheit zu finden und sie zu erleben. In jedem Leben ist es das Wichtigste, dieses Wort als Wort des Lebens anzunehmen. Es bringt uns die Gemeinschaft mit dem Vater und dem Heiligen Geist. Es ist selber der lebendige Gott.

Wir hören Gottes Wort jeden Tag. Wir kommen näher und näher. Wir denken über dieses Wort nach. Jedes Treffen mit ihm ist für uns wichtig, damit unsere Freude vollkommen werde.

Wir sind erst eine kleine Weile von der Heiligen Nacht entfernt. Aber wir können schon jetzt ersehen, wieviel wir vom Geheimnis der Geburt Christi verstanden haben. Wie deutlich sehen wir, daß dieses Geheimnis lebt, in uns lebt? Wie groß ist unsere Freude?

Liebe, die groß wird

Die Familie. Dieses Wort ist jedem Menschen besonders vertraut. Es erinnert uns an die Zeit der Kindheit, an die Gemeinschaft mit geliebten Menschen. Nicht für alle war diese Zeit eine Zeit der Ruhe, der Sicherheit. Oft gab es Kriege, verschiedene Katastrophen. Auch hatten nicht alle liebende Eltern. Und doch hat dieses Wort einen besonderen Klang, eine einzigartige Bedeutung. Was eigentlich macht dieses Wort zu einem Zauberwort, einem geheimnisvollen Wort?

Im Evangelium von der Geburt Christi lesen wir von den ersten Monaten seines Lebens. So viele äußerliche Schwierigkeiten traten auf: kein Platz in der Herberge, keine Ruhe für das Neugeborene und für seine Mutter. Und wieder kommt der Engel des Herrn, im Traum des heiligen Josefs: er soll sofort nach Ägypten fliehen. Wie können sie - diese Gemeinschaft von drei Personen - die Freude der Familie erleben? Und wann? Denn sie sind immer unterwegs, sie sind nirgendwo zuhause, immer im fremden Land, immer Pilger, Verbannte.

Wenn wir die Geschichte der Heiligen Familie zu verstehen versuchen, kommen wir zu den fundamentalen Entdeckungen für unser Leben. Das Geheimnis des Glücks verbirgt sich im Leben selbst. Der Weg zum Glück enthüllt sich, offenbart sich, ganz langsam. Dieser Weg heißt Gehorsam gegenüber Gottes Wort. So, wie es im Leben Josefs geschehen ist. Er fragt nicht warum nach Ägypten, wie lange er dort bleiben müsse, wohin er danach zurückgehen könne. Das alles bleibt unsicher. Aber er geht. Sofort. Noch in der Nacht. Das Geheimnis der Familie, jeder menschlichen Gemeinschaft, kann nicht ohne die Liebe verstanden werden. Erst muß sich in uns die Liebe zu Gott bewähren, denn Gottes Liebe darf von uns auch ungewöhnliche Taten verlangen. Danach ist uns die Liebe zu den Mitmenschen, die Sorge für sie, als Aufgabe gegeben. Nur in der Liebe entdecken wir den Sinn des Lebens, den Sinn unseres nicht-zu-Hause-Seins, unseres Strebens und Suchens nach dem Glück.

Jeder von uns ist - für das neugeborene Wort Gottes - Maria und Josef. Wir müssen für das Kind sorgen. Wir müssen mit diesem Kind die Wege unseres Lebens gehen. Dabei müssen wir sehr wachsam bleiben, am Tag und in der Nacht.

Gott kommt, um uns zu helfen, um uns den Weg zu zeigen. Deshalb brauchen wir keine Angst, keine übergroße Sorge zu haben. Wachsam sein bedeutet nicht, unruhig zu sein. Im Gegenteil. Sonst kann man nicht durch Jahre und Jahrzehnte hindurch richtig dienen. Unsere Sorge ist es, unser Herz offen zu halten. Immer bereit zu sein, alles sofort zu verlassen und aufzubrechen. Auch dann, wenn der Weg unbekannt ist. Die Botschaft des Evangeliums bringt uns eine frohe Ermutigung. Den Sinn der Liebe entdeckt man in der Begegnung mit Gott. Das Glück des Lebens enthüllt sich in der Erfüllung seines Willens. Denn die Liebe, die wir in der Krippe erlebt haben können wir nicht so schnell vergessen. Dort haben wir erfahren, daß wir doch eine richtige communio sind.

In unserem Herzen herrsche der Friede Christi. Das Wort Christi wohne mit seinem ganzen Reichtum bei uns. Dies möge in Erfüllung gehen.

Es gibt keinen Zweifel

Es gibt im Evangelium Stellen, bei denen man, wenn man sie liest nicht mehr weiß, was man tun soll. Jesus spricht etwas scharf: *"Wer mein Jünger sein will, der verleugne sich selbst, nehme sein Kreuz auf sich und folge mir nach" (Mt.16, 24).*

Diese Worte sind an jene Menschen gerichtet, die schon gewählt haben, die sich schon entschieden haben, daß sie Jesus nachfolgen möchten. Das sind Worte an Menschen, die ganz nahe bei ihm bleiben wollen, als Schüler, als Jünger. Bei denen gibt es keine Frage mehr. Nach der Entscheidung gibt es nur einen Weg. Ganz offensichtlich.

Jesus formuliert keinen Kodex, keine langen Vorschriften was man tun müsse, um sein Jünger zu sein. Man darf nur nicht sich selbst suchen. Bei Jesus muß man sich selbst verleugnen, um ihn zu finden, und sich selbst in ihm. Hierin liegt die größte Schwierigkeit unseres Lebens, die Härte dieses Anspruches. Diese Härte ist das eigentliche Kreuz des Lebens. Man muß sich Jesus anvertrauen, um konsequent ihm nachfolgen zu können. Das Vertrauen muß kräftiger, stärker sein, als die Angst vor der Unsicherheit des Lebens, als die Sorge um sich selbst, um das eigene Leben.

Im Evangelium wird deutlich gesagt: *"Wer mein Jünger sein will, der (...) folge mir nach" (Mt.16, 24).* Es geht nicht darum, irgend jemandem nachzufolgen. Jesus selbst steht im Zentrum.

Und nur er. Sein Geist führt alle, die diese Aufforderung mutig auf sich nehmen wollen.

Im christlichen Leben geht es immer um Christi Willen, der ein Ausdruck des göttlichen Heilsplanes ist. Deswegen war und <u>ist</u> es das Wichtigste, in Christus das Leben zu finden, in ihm, der selbst das Leben ist, der sich nicht selbst verleugnen kann, der das Leben schenkt, der immer treu bleibt. Selig, die ihn mit redlichem Herzen suchen, die wahrhaftig Anteil an seinem Leben gewinnen.

Und doch gibt es immer wieder wirkliche Zweifel.

Wachende Frauen

Als die Zeit sich vollendete, brachten Maria und Josef das Jesuskind Gott dar. Im Tempel war noch eine Prophetin namens Hanna. Das war doch nichts Außergewöhnliches. In jeder Kirche in der ganzen Welt kann man fast zu jeder Zeit einige alte Frauen antreffen, die sich ständig in Gottes Haus aufhalten und Gott Tag und Nacht dienen. Das sind Frauen, die sonst keine andere Tätigkeit haben, die alleine leben. Sie schlafen manchmal bei der Liturgie ein. Sie beten gar den Rosenkranz während der Predigt. Sie warten auf nichts. Deswegen können sie den ganzen Tag beten. Sie suchen nicht mehr nach moderner Kleidung. Sie essen auch ganz wenig: es ist einfacher und gesünder. Viele Jugendliche sind überzeugt, daß sie vom Leben überhaupt nichts verstehen. Und nun spricht der Evangelist Lukas über Hanna ganz deutlich: *"In diesem Augenblick pries sie Gott und sprach über das Kind" (Lk.2, 38).* Sie konnte eben doch im Kinde mit Sicherheit Jesus erkennen, trotz ihres Alters, oder wahrscheinlich gerade deswegen.

Seien wir ein bißchen vorsichtiger als die Welt. Treten wir im heiligen Schmuck zu Gott ein, also im Fasten und Beten. Versuchen wir mit den Augen dieser alten Frauen auf uns selbst zu schauen. Wahrscheinlich sehen wir uns dann anders, als wir es von uns selbst gewohnt sind.

Trinität - das Geheimnis des Anfangs

Die Frage nach dem Anfang gehört bestimmt zu den spannendsten Fragen der menschlichen Existenz. Die Philosophie war schon immer mit dieser Frage beschäftigt, nach ihrer Art und Weise. Was war wirklich am Anfang? Wie war es? Die Frage nach dem Anfang brachte uns verschiedene Antworten. Wasser, Feuer, Luft und Erde wurden als Grundprinzipien des Anfangs genannt; aber das gehört zum Bereich der Philosophie. Soll man deshalb sagen können, daß die Frage nach dem Anfang nur eine theoretisch-wissenschaftliche Frage bleibt?

Johannes der Evangelist beginnt seinen Bericht über die Erlösungsgeschichte mit diesen Worten: *"Im Anfang war das Wort und das Wort war Gott" (Joh.1, 1).* Die Frage nach dem Anfang müssen wir also erst in Gott erörtern, und mit unseren menschlichen Erkenntnismöglichkeiten in die Dreifaltigkeit eintreten. Denn nur in der Gemeinschaft zwischen Gott Vater, seinem Sohn (dem Wort Gottes) und dem Geist (dem Hauch des Lebens) können wir zum Geheimnis des Anfangs kommen. Dies ist das Geheimnis der Trinität.

Alle Philosophen und Wissenschaftler, die sich bemühen, die Antwort zum Geheimnis der Welt zu finden, die aber auf andere Prinzipien als Erklärungsgründe bauen, müssen bei der Täuschung verbleiben. *"Er war in der Welt"*, spricht Johannes von Christus, *"aber die Welt erkannte ihn nicht. Er kam in sein Eigentum, aber die Seinen nahmen ihn nicht auf" (Joh.1, 11).*

Es ist auch jetzt so, und wird es immer sein. *"Niemand hat Gott je gesehen" (Joh.1, 18).* Auch kann niemand, der den Anfang der Welt in der Welt sucht ihn dort finden.

Christus ist uns geboren worden. Er ist bei uns. Er bleibt für immer hier. Doch die menschliche Existenz bleibt so lange unverändert, als der Mensch keinen Zugang zu Gott im Glauben findet. Nur im Glauben an das trinitäre Geheimnis können wir das neue Lied dem Herrn, der Himmel und Erde geschaffen hat, der am Anfang war singen. Nur im Glauben können wir in unseren Herzen eine Wohnung für Gott einrichten.

52

Die Freude der Meditation

Der Evangelist Lukas erzählt von den Hirten, die Maria, Josef und das Kind fanden. Die Hirten, die vom Engel über das Kind hörten haben es auch gesehen. Ihre Herzen waren voller Freude. Alle, die ihre Worte hörten staunten darüber. Maria aber bewahrte alles in ihrem Herzen und dachte darüber nach.

Sich wundern können, erstaunt sein: Das ist immer ein schönes Erlebnis für jeden Menschen, der sein Leben nicht in Monotonie verbringen möchte. Darauf warten Viele, die fruchtlos suchen und deswegen ihr Leben langweilig finden. Staunen kann man nur ab und zu, bei einem guten Anlaß, bei einem schönen Spaziergang, über ein bedeutendes Bild im Museum, beim guten Wetter - wie schön die Sonne uns scheint. All diese Erfahrungen erfüllen jedoch nicht die tiefste Sehnsucht der menschlichen Seele.

Maria hat ihr Leben bei der Krippe, und auch danach immer als Meditation erlebt. Sie dachte über die großen Geheimnisse, an denen sie teilgenommen hatte nach. Ihre Meditation ging immer tief: sie war von Staunen erfüllt. Das höchste Staunen kann man nicht so schnell in Worte kleiden. Man findet keine ausreichenden Worte dafür. Man kann es nur erleben. Langsam. Einen Tag nach dem anderen. Jede Meditation muß Staunen einverleiben. Sonst bleibt sie bloßes Nachdenken, eine Überlegung, die keine Freude mit sich bringt. Denken wir an die Menschen in Krankenhäusern, in

Gefängnissen, die einsam leben. Sie denken viel und Vieles über das Leben nach. Aber wie anders erleben diese Menschen die Zeit des Nachdenkens als die, die sich wirklich freuen und die Zeit der Meditation als Geschenk annehmen können.

Das Nachdenken ohne Freude, ohne ständiges Staunen, ist wirklich traurig: es schließt die Menschen aus jeder lebendigen Gemeinschaft aus. Die verwendete Zeit bleibt dann ein bloßer Zeitaufwand. Die wahre Meditation erkennt man daran, daß sie als Frucht das Leben bringt, wenn auch nicht unbedingt sofort.

Wir freuen uns und jubeln, daß wir den Sinn unseres Lebens im Nachdenken über die erstaunlichen Taten Gottes gefunden haben. In unserer Meditation wollen wir jung und frisch bleiben, denn *"Jesus Christus unser Herr ist derselbe gestern und morgen und heute und in Ewigkeit"* (*Hbr.13, 8*).

54

Ihn anzuerkennen

Die ganze Geschichte dreht sich um ihren Mittelpunkt. Der Sinn der ganzen Wirklichkeit besteht nur darin, Christus als Angelpunkt der Welt anzunehmen. Warum erfaßt der Mensch, trotz seiner Bemühungen, die Wege Gottes so oft nicht und sucht nach etwas anderem?

Die Israeliten, zu denen Jesus kam, hatten Jahrtausende auf den Erlöser gewartet. Sie hatten die Propheten gehört, die göttlichen Zeichen erlebt. Als aber dann Gott Mensch wurde, haben sie nicht geglaubt, daß er der Messias sei. Sie hörten zwar das Zeugnis, das ihm Johannes der Täufer in Betanien gab, wenn er von Christus sprach. Aber auch ihm haben die Pharisäer nicht geglaubt. Warum?

Die Begegnung mit Gott geschieht immer im Glauben. Wir bekommen verschiedene Hilfen: das Wort, das geoffenbart wird, die Heilszeichen. Das stimmt. Aber die eigentliche Aufgabe bleibt doch, den persönlichen Akt des Glaubens zu leisten. Denn *"mitten unter uns steht der, den wir nicht kennen" (Joh.1, 26)*. Er ist schon in unserer Mitte. Aber ob wir ihn als Gott erkennen? Diese Frage kann man nur in Gott bejahen, als Überwindung unseres Unglaubens.

Wie groß ist die Liebe

Johannes, der uns in den Weihnachtstagen begleitet spricht von der Liebe, die Gott uns geschenkt hat.

Diese Liebe haben wir in der Krippe angebetet.

Diese Liebe haben wir mit unseren Händen angefaßt.

Diese Liebe haben wir in die Spuren unseres Lebens mitgenommen.

Das ist unsere Freude, Kinder Gottes zu sein. Was wir dereinst mal sein werden, ist uns noch nicht geoffenbart worden. Das wird so anders für uns sein, daß wir es uns nicht vorstellen können. Am Beginn des Neuen Jahres öffnen wir unsere Herzen noch weiter: Lassen wir den, der jeden Tag in der Liebe zu uns kommt in uns wirken. Unseren Glauben stärken wir durch das Vertrauen, daß er selbst die Liebe ist. Versuchen wir, dieser ersten Liebe treu zu bleiben, in der Wahrheit zu leben.

"Wir haben seine Herrlichkeit gesehen" (Joh.1, 14). Das Licht der hochheiligen Nacht hat uns versammelt. In diesem Licht möchten wir als die, die das neugeborene Kind aufgenommen haben weitergehen.

Für jeden Weg ist das Wichtigste, daß er ins Licht führt. Die, die auf ihm bleiben sind die Kinder der Wahrheit.

"Der Gott Jesu Christi, unseres Herrn (...) erleuchte die Augen unseres Herzens, damit wir verstehen, zu welcher Hoffnung wir durch ihn berufen sind, welchen Reichtum die Herrlichkeit seines Erbes den Heiligen schenkt" (Eph.1, 17-18). Preisen und lobsingen wir unserem Herrn, der uns ruft und führt, der unser Weg und unsere Stärke in der Kraft und in der Schwachheit ist, der immer mit uns geht, der in uns lebt. Wir halten die Perspektive des Lebens immer vor uns. Niemand weiß, wie groß diese für jeden von uns sein soll. Aber wir können nicht mehr so wie früher leben, denn: *"Christus natus est, puer datus est nobis"*. Bewahren wir ihn in unseren Herzen. Leben wir in der Wahrheit.

"Ich fand ihn, den meine Seele liebt" (Hld.3, 4) : Nur so kann der Sinn unseres Lebens sich entfalten und erfüllen.

Einheit in der Vielfalt

Ich halte zu Paulus
zu Apollos
zu Kephas
zu Christus *(Vgl. 1 Kor.1, 12)*

Schon in der Frühzeit gab es in der Gemeinde zu Korinth verschiedene Spaltungen wegen Jesus. Alle hatten sie die beste Absicht, die Worte der Apostel in ihrem Leben treu zu verwirklichen. Aber sie waren mehr mit den Aposteln und deren Worten verbunden, als inhaltlich mit dem Evangelium, für welches Christus uns geboren und zum Sterben am Kreuze verurteilt wurde.

Im täglichen Leben erfahren wir immer viele Spaltungen. Heutzutage gibt es wahrscheinlich noch mehr als damals. Verschiedene Parteien, verschiedene Theologien, Philosophien. Das Problem bleibt. Man muß zu jemandem gehören. Man muß wissen, woher man stammt. In der Vielfalt des Lebens versteckt sich auch die einzige Art, die Einheit des Lebens zu finden, die Einheit mit dem, der durch die Welt weitergeht und uns aufruft, ihm nachzufolgen.

Simon, Andreas, Jakobus und Johannes folgten Jesus nach. Sie verließen ihre Netze, ihre Boote. Sie kamen, das Evangelium vom Reich Gottes zu verkünden, die Kranken zu heilen, die Trauernden zu trösten, den Verlassenen Freunde zu sein.

58

Laßt uns über unser Leben nachdenken. Wem gleichen wir? Wir können diese Frage nicht unbeachtet und unbeantwortet lassen. Denn das Himmelreich ist nahe.

Aus der Verborgenheit

"Ihr seid das Salz der Erde.
Ihr seid das Licht der Welt.
Eine Stadt, die auf einem Berg liegt, kann nicht verborgen bleiben" (Mt.5, 13-14).

Die Forderungen Jesu sind sehr groß. Der Mensch ist aufgerufen, so zu leben, daß die Leute, die seine Taten sehen, Gott Vater im Himmel preisen können. In diesen Forderungen faßt sich das Eigentliche des Christentums zusammen. Es gibt nur ein Modell für das Leben. Das Modell, das im Leben Jesu seine Erfüllung gefunden hat. Letzten Endes sind alle Forderungen an uns nur dann von uns erfüllbar, wenn wir Menschen auch unsere persönliche Entscheidung gegenüber der absoluten Wahrheit getroffen haben; wenn uns keine Wahl mehr bleibt zwischen dem, was zu Christus und dem, was zum Anti-Christus gehört.

Die Menschen, die wie Kerzen auf dem Leuchter stecken, sind häufig sehr ermüdet. Sie haben keine Kraft mehr, immer in Bereitschaft zu sein: als Vorbild, als Modell. Sie erleben innere Spaltung. Sie werden dann unglücklich, da sie keine Fluchtmöglichkeit haben. Sie stecken zwar auf dem Leuchter, um Licht zu geben, sind aber traurig und verzweifelt.

Das Evangelium Jesu verlangt vor allem, daß man eine radikale Antwort finde. Dies bedeutet noch nicht, daß wir dann keine Notwendigkeit des Entscheidenmüssens mehr erleben, aber doch, daß diese Notwendigkeit des Entscheidens immer nur innerhalb unseres Lebens mit Gott vorkommt. Nur in dieser Perspektive kann der Mensch sein Leben erfüllen. Er hat es nicht nötig, eine Verborgenheit zu suchen, um sich selbst zu finden, oder um das Glück des Lebens als höchstes und hinreichendes Gut erleben zu können.

Klarheit und Eindeutigkeit

Der Mensch erfährt auf der Suche nach dem Sinn des Lebens immer wieder die Not der Wahl. Etwas scheint schon sicher und deutlich zu sein, und plötzlich kommen Zweifel. Das Erwartete ist wieder verdeckt, unklar. Man erlebt, wie schwer es ist, das, was man spürt, präzis und in klaren Worten auszudrücken. Die Begriffe sind nicht scharf genug: sie bleiben vieldeutig. Einerseits ermöglicht einem dieses, die eigene Meinung zu verstecken. Anderseits erwartet man doch von sich selbst und von den anderen, daß man sich in der Wahrheit, d.h. in der Klarheit offenbare.

Solche Probleme erleben wir im einfachen Miteinanderleben, sowie auch bei unseren wissenschaftlichen Tätigkeiten. Jesus kommt zu uns in solchen Situationen mit seinem Wort:

"Euer Ja sei ein Ja
Euer Nein ein Nein".
Tertium non datur.
"Alles andere stammt vom Bösen" (Mt.5, 37).

Wir wissen das genau. Doch trotzdem ersehnen wir uns zum mindesten ein kleines \`aber´. Wir bleiben auf dem rechten Wege nur so lange als wir mit dem Herzen verstehen und mit dem Munde sagen können: *"Ich komme, um deinen Willen zu tun" (Ps.40/39, 8-9).*

62

Öffnet eure Augen und sehet

Immer, wenn es besonders kalt ist, fragt der Mensch gerne nach einer Wärmequelle. Man sucht, wie man sich erwärmen könne. In der Kälte loben wir unsere geheizten Häuser, die Räume, die uns vor kalten Winden und vor Frost schützen. Aber es gibt Arten von Kälte, die man nicht durch Heizung überwinden kann. Es gibt in der Welt zwar viele Leute, die wegen Kälte leiden, aber wesentlich mehr Leute erleben die Kälte der Einsamkeit, der Verlassenheit, des Hasses. An all diese Menschen, die traurig sind, die keine Hoffnung mehr haben wendet sich das Evangelium.

Es ist undenkbar, daß der Mensch sich irgendwie oder irgendwann in einer Situation befinden könnte, in der er nichts mehr braucht. Jesus versucht, im Evangelium, uns für diese Wahrheit empfindlicher zu machen. Als von notleidenden Menschen Getroffene, können wir ihnen nicht so ohne Weiteres den Rücken zukehren. Jesus geht sogar weiter. Es reicht nicht, die Bitte des Anderen genau zu erfüllen: wir sollen ihn sogar reichlicher beschenken, als er es sich erbittet. Wir sollen dem Anderen zuvorkommen. Das ist die Fähigkeit derjenigen, die Freunde sind. Das kann nur in der Liebe geschehen. In der Liebe, die als völlige Hingabe verstanden und ausgeübt wird.

Die Liebe ist eine Sache der Einstellung, des totalen Horchens auf den Anderen. Man muß dessen Leben immer besser verstehen wollen. Dies kommt immer erst in der

Gemeinschaft zustande. Die wirkliche communio braucht jeder Mensch. Man braucht sich nicht speziell auszusuchen, auf welchem Wege man am ehesten die Chancen und Aufgaben des Lebens zu verstehen bekommen wird. Es reicht, daß wir mit Einfühlungsvermögen miteinander leben, daß wir Anderen mit unserer Hingabe vorauseilen.

Bevor dies möglich wird, muß man etwas besitzen, was man mit Anderen teilen kann. 'Etwas' bedeutet, jenachdem, auch die Art wie man sich selbst erfährt, mit all dem, was zum menschlichen Erkennen gehört. Dann besteht keine Gefahr, daß nur die, die wir uns aussuchen, die wir lieben, unsere Hilfe bekommen.

Die Erfüllung der evangelischen Räte kann nur in natürlich vorkommender Gemeinschaft geschehen. Dort, wo der Mensch sich als Berufener versteht. Die größte Schwierigkeit des Lebens besteht darin, die eigene Berufung zu erkennen und das Erkannte zu verwirklichen. Das ist die Aufgabe des Lebens, nicht nur für einige, sondern für uns alle, da wir zur Vollkommenheit berufen sind, so wie der Vater im Himmel vollkommen ist.

64

Gott suchen

Der Mensch erlebt auf dem Wege durch die Zeit wiederholt verschiedene Mängel, die ihm immer mehr Sorge bereiten. Die Erfahrung der Existenz verstärkt noch die Fähigkeit, die Sorgen zu sammeln. Praktisch ist der Mensch ähnlich einer alten Sammlung, in der man die verschiedensten Dinge finden kann. Die Sorge um die Sorge, wie es morgen sein werde, was die weitere Perspektive vorzuzeigen habe. Hat man zu wenig, sorgt man sich ob man das Wichtigste besorgen könne. Hat man viel, sorgt man sich darum, noch mehr zu haben, oder zum mindesten um sein Eigentum vor Verlust zu schützen. Jeder hat seine eigenen Sorgen, die ihm Schwierigkeiten machen, die es ihm unmöglich machen, die Freude des Lebens in Fülle zu erfahren. Im Buche Jesus Sirach lesen wir: *"Gib dich zufrieden, sei 's mit viel, sei 's mit wenig, damit du den Vorwurf fremder Herkunft nicht hören müssest" (Sir.29, 23)*. Dazu noch das Buch der Sprüche:

"Falschheit und Lüge halte fern von mir!
Gib mir weder Armut noch Reichtum;
Laß mir die Speise werden, die mir beschieden ist!
Ich könnte sonst in Sattheit dich verleugnen
und sprechen: Wer ist der Herr?
oder ich könnte in Armut stehlen
und mich an dem Namen meines Gottes vergreifen" (Spr.30, 8-9).

Gott ist denen nahe, die ihn suchen, die wirklich nur ihn suchen. Christus hat gesagt: *"Niemand kann zwei Herren dienen" (Mt.6, 24).* Aber nur dann ist Gott nahe, wenn der Mensch nach dem Sinn des Lebens strebt, und nicht nur danach, hier und jetzt zufrieden zu sein. Es gibt primär nur eine Sorge: die, nach Gott zu streben. Alles andere, was zum Leben notwendig ist, wird uns dann dazugegeben.

Die Unsicherheit, ob man es fertig bringe, Gott zu dienen ist auch eine Sorge. Aber eine solche, die als Hintergrund eine persönliche Beziehung zu Gott hat. Deshalb schließt diese Sorge jede übergroße Sorge vom christlichen Leben aus. *"Der Tag hat genug eigene Plage" (Mt.6, 34).* Im Streben nach der Gemeinschaft mit Gott kann man nicht im Morgen oder Übermorgen leben. Gott kommt heute in unser Leben. Nur aus dieser Perspektive können wir die rechte Ruhe des Lebens erfahren: die Ruhe, die zu uns als Gabe kommt, die ein Kennzeichen des Weisen ist.

Das Leben mit Gott garantiert nicht, daß wir schöne Kleidung tragen werden, wie die Lilien, oder daß wir unsere Nahrung genießen werden. Über eines, aber, da besteht kein Zweifel: er hat uns in sein Reich eingeladen. Das Glück des christlichen Lebens ist es, mit dem Blick auf den Himmel zu leben. Erst dann dürfen wir erwarten, daß uns alles andere dazugegeben werde.

66

Auf unseren Wegen

Wir haben unterschiedliche Wege.

Es gibt Leute, die jeden Tag den selben Weg zu Schule, Fabrik, Büro hin und zurück gehen. Es gibt Leute, die immer in Eile sind, die immer schneller und in weiteren Kreisen durch die Welt laufen. Es gibt Leute, die sich ganz langsam auf den Korridoren der Ruhe zwischen Kirche und eigenem Zimmer bewegen.

Es gibt Leute, die schon nicht mehr gehen können, die nur in der Wohnung, nur im Bett bleiben.

So ist es im Leben. Aber alle, jeder nach seiner Art, suchen wir glücklich zu sein.

Der Evangelist Johannes spricht von einem, den Jesus traf... *(Vgl. Joh.1, 43-47).*

Der von Jesus Getroffene zu sein. Nur so viel.

Herr, bleib als Licht auf unseren Wegen

Der suchende Mensch, der sein Herz weit offen hält, bekommt das neue Licht als Geschenk des Kindes, das uns geboren worden ist. Die Wahrheit bleibt verborgen. Im Glauben öffnet sich uns der Zugang zu ihr. Jedoch nur dann, wenn wir gehorsam unser Streben nach der Wahrheit ständig in der Einstellung des Suchens belassen.

Das Treffen mit der Wahrheit kann lange auf sich warten lassen. Es kann auch plötzlich, ganz schnell kommen. Immer jedoch muß man bereit sein, die Wahrheit aufzunehmen und, nach dem Zusammentreffen mit ihr, sie voll auf sich wirken zu lassen. Mit ihr soll man dann die darauf folgenden Tage des Lebens verbringen.

Nachdem die Sterndeuter Jesus gefunden hatten, zogen sie auf einem anderen Wege heim. Das ist am häufigsten so. Der weitere Weg ist, nach dem Treffen mit der Wahrheit, nicht mehr derselbe wie vorher. Nur der heimatliche Ausgangspunkt bleibt derselbe: nämlich die Heimat, die uns geschenkt ist, als irdische Wohnung, in der wir das himmlische Jerusalem in aktiver Teilnahme erwarten.

Wir danken dem Herrn, daß er für uns klein geworden ist, unseren menschlichen Erkenntnismöglichkeiten entsprechend. Wir bitten ihn: Herr, laß uns dich mitnehmen auf einem anderen Weg, bis wir in unsere Heimat kommen. Dort, wo wir dir eine bescheidene Wohnung schenken möchten. Obwohl wir nicht würdig sind, dich unter unser Dach aufzunehmen. Bleib doch bei uns. Der Weg zu dir ist noch so lange.

Sei es
sogar das Kreuz

*"Errege dich nicht über die Bösen,
wegen der Übeltäter ereifere dich nicht !*

*Vertrau auf den Herrn und tu' das Gute"
(Ps.37, 1.3).*

70

Warum?

Die Zeit der Bekehrung kommt deutlich auf uns zu. Die Kirche lädt uns ein, Christus auf seinem Weg zum Kreuz nachzufolgen. Wir können die Versuchung nicht aus unserem Leben ausmerzen. Sie kommt immer wieder, besonders dann, wenn der Mensch - der in der Unsicherheit des Lebens steht - sich selbst fragt (während er Gott näher steht als gewöhnlich), wie er denn die göttlichen Pläne besser erfüllen könne.

Jesus bekam drei Proben zu überstehen:

mit Brot
mit Macht
mit Begierden

Er hat sie bestanden, weil er `soli Deo´ dienen wollte.

Man kann sehr viel fasten. Es kann bewunderungswürdig sein.
Man kann sehr viel beten. Man kann erstaunlich fromm aussehen.
Man kann sich selbst beherrschen, alle weltlichen Begierden überwinden.

Und doch kann man in jeder Versuchung schnell erkennen, wie weit das Streben nach Vollkommenheit mit dem eigentlichen Streben nach Gott zusammengelaufen ist. Von denen, die Gott mit reinem Herzen suchen läßt der Teufel ab. Dann kommen die Engel. Zur gemeinsamen Freude.

Unsere Stunde ist noch nicht angebrochen - Hortense von Gelmini

solange wir den letzten Landstrich nicht verlieren
solange wir die Hände nicht einbüßen in denen wir
eine Zuflucht finden
solange wir uns nicht im Widerschein des Himmels zugrunde
richten
solange wir uns nicht in der glühenden Schmerzensfülle
auflösen
solange die Augen unter den Gipfeln der Anhöhe wandern

sind wir nicht einsam genug
um uns zu beklagen

72

Sei uns nahe

Die Geschichte eines jeden Menschen beginnt mit seinem Treffen mit Jesus. Man muß von ihm persönlich angesprochen werden. Dann eröffnet sich eine besondere Perspektive. Man erkennt die Möglichkeit, die Quelle gefunden zu haben, direkt aus der Quelle trinken zu dürfen. Und noch mehr. Er selbst ist die Quelle. Er ist das Wasser, was Leben bringt. Um aus dem Brunnen Wasser schöpfen zu können, aus der Quelle zu trinken, braucht man ein Gefäß, eine Vermittlung, die uns der Quelle nahe bringt. Das gilt besonders für das Leben mit Gott, wo Jesus der Vermittler ist.

Das Evangelium über das Treffen Jesu mit der Frau aus Samarien *(Joh.4, 1-42)* zeigt uns Jesus als Vermittler, der uns in die Nähe Gottes führt. Er kommt als Knecht Gottes, als Osterlamm, das selbst für uns Speise und Trank ist. Nur in ihm können wir den wahren Sinn des Fastens erkennen. Unser Opfer besteht nicht nur darin, daß wir etwas ablehnen oder darauf verzichten, also nicht nur in der negativen Perspektive. Es besteht vielmehr in der positiven Hingabe an Gott, den wir anerkennen, mit all unseren Schwächen und Sünden, in der realen Dimension unseres Lebens. In der Selbstbeherrschung, die erst im Streben nach dem Leben mit Gott ihre Tiefe und Würde erreicht, können wir die wahre Gnade der Fastenzeit erfahren. Man kann doch Jesus als Retter der Welt gar nicht anders erkennen, als auf dem Wege, den er in seinem irdischen Leben gegangen ist. In unseren Opfern wollen wir uns dessen bewußter werden, daß er uns durch Fasten bereit machen will, seine Nähe erfahren zu dürfen.

Mit der ganzen Kirche beten wir um die Stärkung unseres Wollens, um die reichen Gnaden der Fastenzeit. Wir wollen unsere Hoffnung und unseren Glauben darin ausdrücken, daß wir alle gebenedeiten Früchte nur von Gott erwarten. Er hat uns doch versprochen:

> *"Ich sammle euch aus allen Ländern.*
> *Ich gieße reines Wasser über euch,*
> *damit ihr rein werdet*
> *und ich gebe euch einen neuen Geist"*
> *(Ez.36, 22-26).*

Wir bitten dich, steh uns bei, auf daß wir die Osterfreude mit reinem Herzen feiern dürfen.

74

Freuet euch

Es war ein Mann, der von Geburt an blind war *(Joh.9, 1-41)*. Dieses Evangelium beginnt wie ein Märchen. Aber sofort nach dem Beginn wird die Erzählung einfacher: spucken, Teig, schmutzige Hände, Augen. Erst nach dem Abwaschen im Teich Schiloach sah der Blinde. Das Wunder wird sehr sparsam beschrieben. Der blinde Mann, der dann sehen kann. Jeder, der dem Evangelium aufmerksam zuhört, spürt den Rhythmus des Geschehens, die ungewöhnliche Steigerung der von Jesus ausstrahlenden Kraft.

Der von Jesus Getroffene, der Betroffene hat erlebt, was es bedeuten kann, ihn zu erfahren. Der Blinde wußte sofort, daß er vor einem Propheten stand. Er konnte seinen Glauben an den Menschensohn deshalb bekennen, weil dieser ihm ganz nahe stand. Intuitiv konnte er mehr erfahren als die Schriftgelehrten, Pharisäer und frommen Israeliten. Der eigentliche Sinn des Glaubens offenbart sich in der Begegnung mit Jesus, unter den gewöhnlichsten Alltagsbedingungen. Die Fähigkeit, dies zu erkennen nennt man in der Kirche die Gottesgnade: Jesus als Menschensohn zu erfahren, ihn als Erlöser zu erkennen.

In der Fastenzeit gibt es auch eine Zeit für die Freude. Freue dich, der den Erlöser mit ganzem Leibe, mit ganzer Seele spürt. Aber vergiß nicht, daß Gott jener ist, der mitwirkt, der ganz behutsam zu den Menschen kommt, ohne sie zu ängstigen, ohne sie in Furcht zu versetzen. Gott kommt, um mitzuleben, mitzugehen. Der Mensch bleibt als Person frei. Er muß das Zeichen Gottes glaubend annehmen. Erst dann soll er selbst seine Augen abwaschen, um sehen zu können.

Laetare heißt 'sich freuen': in der Zeit in der wir leben, an dem Ort wo wir uns befinden, mit den Problemen die uns betreffen. *Laetare* heißt aber auch: fähig sein, sich selbst zu übertreffen, den auf dem Wege getroffenen Jesus wirken zu lassen. Die Erlösung kann nicht ohne unsere Mitwirkung stattfinden. Jetzt ist die Zeit, sich auf den Weg zu Gott zu machen, also:

> *"Wach auf, du Schläfer,*
> *und steh auf von den Toten,*
> *und Christus wird dein Licht sein"*
> *(Eph.5, 14).*

Das ist die frohe Botschaft der Begegnung mit Jesus. Das ist der Grund für unsere Freude.

Der Junge mit der weißen Binde - Hendrik Terbrugghen

jeden Dorn
mühsam hineinstecken

es ist so entschieden

ich arbeite nur
fürs Brot
erklärt der Junge
mit dem angespannten Gesicht
noch nicht eingetriebene Dornen
erspähend

Bevor er gekreuzigt wird

Palmsonntag ist in der Liturgie der Kirche die Zeit in der Christus, als das Wort, von seinem Kreuzweg her zu uns spricht. In diesem Wort erlebt er das Leiden immer wieder.

Heute brauchen wir viel Herzensruhe, um ihn wirklich hören zu können; um im Wort auch die entscheidenden Geheimnisse unseres Lebens erläutert zu sehen; um das Leiden Christi am Kreuze im Licht der Erlösung sehen zu lernen.

Bevor wir ihn in der Osternacht unter den Lebenden wiederfinden, gehen wir mit ihm gemeinsam zum Tode. Ohne Angst. Der Mensch ist doch ganz, und für immer zum Leben bestimmt. Singen wir mit den *pueri hebraeorum*: *"Hosanna filii David"*. Bringen wir ihm die Hoffnung unseres Herzens, das auf ihn wartet. Lassen wir uns - wie die ganze Natur - in den schönsten Farben aufblühen. Alles Schöne legen wir ihm zu Füßen, wenn er in der ganzen Welt wieder zum Kreuze geht.

Palmsonntag in Basel

Tatjana Goritschewa

die Abendandacht begann
mit dem Umarmen der Freunde
die Menschen glauben noch daß Gott
sich zwischen den Schatten
aufgehobener Hände ergeht
die das Licht auf die leere Wand werfen
unter den gotischen Glasfenstern
auf welchen man Christus gekreuzigt hat
in den lebhaften Farben des Leidens

danach wurde in verschiedenen Sprachen gesungen
die Melodien die einfach
in den einsamen Seelen einwohnen
dieser Teil wurde die Anbetung des Herren Gott genannt
man verstand daß beten
zusammenwohnen bedeutet
unter einem Dach
und jeder für sich

und dann
wenn die Herzen sich langsam beruhigen
begann eine Frau zu sprechen
die Haare trug sie bescheiden als Pferdeschwanz
mit einem slavischen Tonfall erzählte sie
von ihrem Weg zu Gott
bestimmt wie eine Professorin *ex cathedra*
aber doch schüchtern

am liebsten würde sie sich hinsetzen
und weinen
wie es in einer Orthodoxenkirche geschieht
aber auf fremder Erde

in den Bildern wohnt doch kein Gott
wie wohl in den Ikonen
und hineingehend in den Tempel
küßt man nicht demütig
den Boden

Pastor Johann
sprach die Frau `liebe Tatjana´ an

sie jedoch
drückte sanft in die Hände
die Palmzweige
um sie nach Paris zu tragen
für ihre
Karwoche

Palmsonntag 1987

Habt acht und freuet euch

die Tiefe der Gedanken
hängt ab
von der Höhe des Verlustes
den man auf sich nimmt
und der Preis
wird
bezahlt oder gewonnen
wie es gegonnen

drei Stunden drei Tage
und Nächte
drei Nägel...
es brächte viel ein
wenn wir wirklich
unser Hosanna
sängen
aus diesem Drängen

die Palmen wedeln
kann ein jeder
der die Freude am Feiern
und am Helden
noch nicht verloren hat
so muß es doch sein
denn ohne
Verrat
geht selbst die Sonne nicht schlafen

am dritten Tage aber
da dürfen die Palmen hoch stehen
und sich beugen
da darf die
Gemeinschaft des Verstehens
und Zusammengehens
in der Morgenstille sich
zeigen
als Bildnis dessen
was wir Menschen ersehnen
als Aufleben
und
als Leben schlechthin

wenn Palmenblätter
auf unseren Weg gestreut werden
als ob tägliches Ziel
wenn Gesänge
und Töne uns locken
aus unseren Gräbern
dann wird
Sentimentalität
zwar in neue Bahnen
gelenkt
aber bleiben tut sie doch
was sie ist

drei Versuchungen
nur drei
das ist alles was nötig ist

Ella J.G. Dunkley

Seid glücklich

Auf der Tafel stand: *"Das ist der König der Juden" (Lk.23, 38).* So berichtet die Bibel.

Die führenden Männer des Volkes verlachten Jesus.
Die Soldaten, die ihn gekreuzigt haben, verspotteten ihn.
Ein gekreuzigter Verbrecher verhöhnte ihn.
Ein anderer hat sein Leid mitgelitten.

Wem sind wir gleich? Für wen halten wir Jesus Christus, König des Lebens, der für uns das Kreuz auf sich genommen hat?

Herr Jesus Christus, sag auch uns, daß wir mit dir im Paradies sein werden. Sage es uns. Wir warten auf dein Versprechen. Von diesem Wort sind unser Glück und unser Leben abhängig.

Nehmt mir dieses Holz nicht fort - Cecco del Caravaggio

sei es sogar das Kreuz
um sich nur zu stützen
bevor Sand
durchblutet wird

um sich nur zu stützen

sich stützen

Kreuzweg 1987

Wenn wir uns stützen,
Herr,
an Deinem Holz,
dann biegt
es sich wie Federn
in dem Sprung der Katze.

Wenn wir nur schauen,
Herr,
wer zusieht und wer weint,
dann
wiegt der Balken schwer,
wie 's Wort im Satze.

Ella J.G. Dunkley

Die Offenbarung des Geheimnisses

Die drei Tage des Leidens Christi bereiten uns direkt auf seine Auferstehung vor. Aber bevor wir Christus unter den Lebenden finden, gehen wir heute zu seinem Kreuz. Zum Baum des Leidens und Sterbens.

Diese Tage fassen das Entscheidende des Christentums zusammen. Sie sind der Weg durch das Unbekannte, Verhüllte, durch die Nacht der Sinne. Der Weg zum Geheimnis des Lebens.

Vom Passionssonntag an blieb das Kreuz verhüllt. Das violette Tuch verbarg die Gestalt Christi. Heute wird uns das Verdeckte dieses Geheimnisses enthüllt. Geheimnis des Christentums, Geheimnis jedes Lebens: das Kreuz an dem wir Christus gekreuzigt haben. Er hängt an diesem Holze seines Landes. Einsam. Verlassen.

Die Offenbarung des Geheimnisses ist dramatisch. Die Antwort auf die Frage 'warum, wie ist das möglich?', die Antwort auf jede existentielle Frage bleibt in der Begegnung mit dem Gekreuzigten zwar ungenannt aber beantwortet. Er ist, so wie er aussieht selbst die Antwort.

Unter dem Kreuz Christi standen Maria und Johannes. Sie haben das Geheimnis des Kreuzes aus der Nähe erlebt. Sie nahmen die Offenbarung des Gekreuzigten voller Mitleid und

Trauer im Herzen in Empfang. Diese Erfahrung des Kreuzes blieb in ihren Herzen als Hilflosigkeit, Ohnmacht.

Noch drei Tage bleibt Leiden im Herzen. Durch das Sterben führt der Weg zum Leben. Man muß noch die Zeit des Wartens erleben, die den Weg zum lebendigen Verstehen dieses Geheimnisses frei macht. Jesus Christus, der Gekreuzigte ist das uns geoffenbarte Geheimnis des Lebens. Nur in ihm entdecken wir den Weg zu Gott, zu dem, der die Welt so geliebt hat.

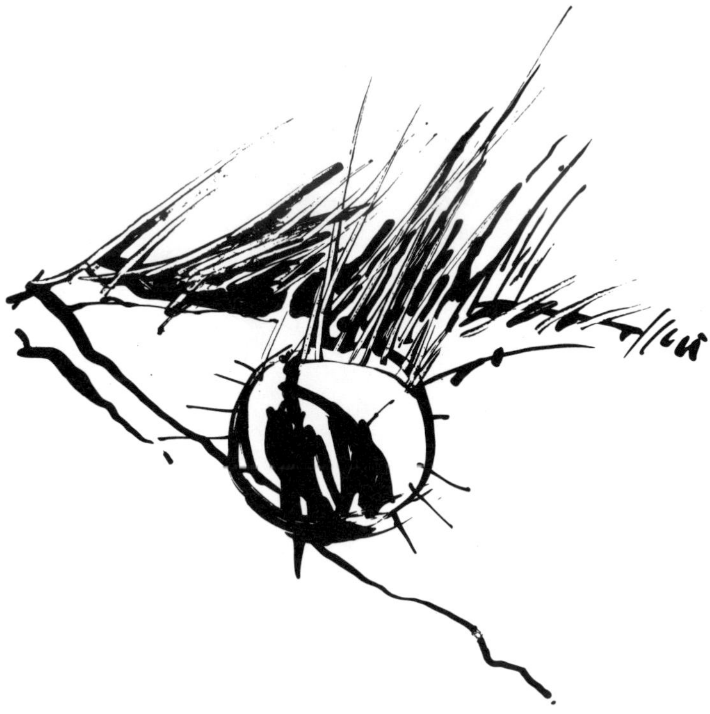

"Christus Jesus war Gott gleich,
hielt aber nicht daran fest, wie Gott zu sein,
sondern er entäußerte sich und wurde wie ein Sklave
und dem Menschen gleich.
Sein Leben war das eines Menschen, er erniedrigte sich und war gehorsam bis zum Tod,
bis zum Tod am Kreuze.
Darum hat ihn Gott über alle erhöht
und ihm den Namen verliehen, der größer ist als alle Namen,
damit alle im Himmel,
auf der Erde und unter der Erde
ihre Knie beugen vor dem Namen Jesu
und jeder Mensch bekennt:
Jesus Christus ist der Herr
zur Ehre Gottes, des Vaters"
(Phil.2, 6-11).

Zum Leben pilgern

"Gott, der voll Erbarmen ist, hat uns, die wir infolge unserer Sünden tot waren, in seiner großen Liebe, mit der er uns geliebt hat, zusammen mit Christus wieder lebendig gemacht. Aus Gnade seid ihr gerettet. Er hat uns mit Christus auferweckt und hat uns zusammen mit ihm einen Platz im Himmel gegeben" (Eph.2, 4-6).

92

Wo Leben zu finden ist

Die Osternacht steht im Zentrum des das ganze Kirchenjahr umspannenden liturgischen Geschehens. Die Kirche erreicht bei ihrem heilsgeschichtlichen Weg den Omega-Punkt: sie führt uns den gekreuzigten Jesus als den auferstandenen Herrn vor. Jede Begegnung mit Christus bringt uns, die Getroffenen in die Nähe Gottes. Aber immer bleibt das Geheimnis, das volle Verständnis der Gnade verhüllt. Jesus lehrte die Menschen, erzählte von seinem Vater, vom Himmelreich. Die Apostel sind ihm jahrelang nachgegangen. Alle haben sie das Eigentliche, den Sinn seines auf-die-Erde-Kommens, nicht verstanden... Erst die Tatsache des Leidens Christi öffnete die Augen dieser Jünger, aber es blieb immer noch viel Ungeklärtes, Geheimnisvolles in ihren Herzen.

Die Geschichte des Leidens und der Auferstehung Jesu öffnet uns die Perspektive eines langen Lernprozesses. Die Liturgie zeigt uns, wie Gott die Menschen durch die Zeit führte, wie er uns weiterhin als Begleiter zu sich selbst ruft. Christus als der Weg zum Vater erleuchtet uns diesen Weg und er selbst ist dieser Weg, ist die Kraft, in die Nähe Gottes kommen zu dürfen. Der gekreuzigte Gott bestätigt bis zum Tode, und durch den Tod hindurch die menschliche Existenz, die zum Leben berufen ist. Erst im Auferstandenen wird uns das Geheimnis des menschlichen Lebens voll geoffenbart und enthüllt. Er, der vom Leben durch den Tod wieder zum Leben gegangen ist, er ist selbst die Offenbarung Gottes, die erst in ihm ihre Fülle erreicht.

Es ist wiederum eine heilige Nacht, die uns das Leben bringt. Die Nacht der Geburt Christi wiederholt sich in der Osternacht. Der von uns wegen unserer Missetaten gekreuzigte Jesus geht wieder zum Leben über. Der Vater will der verloreren Menschheit den Erlöser bringen. Der Sohn gibt sich völlig hin, eine Hingabe des Lebens für das Leben, ein Geschenk des Vaters für den der sucht, für den der erwartet.

Die Auferstehung Christi ist das Zentrum unserer Geschichte. Er, der wahre Gott und wahre Mensch faßt unsere menschlichen Erfahrungen zusammen. Er öffnet uns den neuen Weg zum Vater, diesen Weg, auf welchen wir uns begeben sollen; den Weg des Einübens ins Zusammenleben mit ihm. Mit der Nacht der Auferstehung beginnt nämlich die Zeit der Erwartung. Wir werden in die großen Geheimnisse des göttlichen Lebens von Gott selbst eingeführt. Mit dem Auferstandenen erwarten wir den Heiligen Geist, der uns belehren wird, was denn dieses heilige Geschehen der Osternacht zu bedeuten habe.

Die Liturgie der Osternacht schenkt uns die erwartete neue Dimension unserer Hoffnung. Im Auferstandenen finden wir es möglich, diese Hoffnung in ihrer Tiefe erfassen zu können. Diese Hoffnung hilft uns, die Auferstehung im Glauben zu erfahren. Im Lichte dieser heiligen Nacht finden wir das Leben. Unser Vater wiederholt sein Versprechen:

> *"Ihr werdet mein Volk sein*
> *und ich werde euer Gott sein" (Ez.36, 28).*

Aus diesem Grund versammeln wir uns hier in dieser heiligen Osternacht.

Gemeinschaft des Friedens

Jede Begegnung mit dem Auferstandenen begann mit seinem Friedensgruß. Er eröffnete die Perspektive des gemeinsamen Lebens, in welchem die Einheit der Jünger Christi direkt von ihrer Verbindung mit Gott abhängig ist. Deswegen hat Christus diesen Friedensgruß mit der Vollmacht zur Vergebung der Sünden verbunden. Der wahre Frieden, die communio ist nur dann möglich, wenn der Mensch seine Beziehung zu Gott als ein gnadenvolles Teilhaben am Göttlichen erlebt. Jeder, der die Gemeinschaft des Lebens in der Wahrheit erfahren will, der ein konstituierender Teil dieser Gemeinschaft sein will muß erst die Quelle des Lebens in Gott entdecken. Erst wenn wir mit der Quelle vereint sind, kann die Einheit untereinander geschaffen werden.

Die Apostel Christi durften nach seiner Auferstehung die genaue Bedeutung des Bruderseins erfahren. Diejenigen, die den Auferstandenen erlebten wurden dazu berufen, Zeugnis zu geben, und deren Brüder sollten dieses Zeugnis als wahre Verkündigung der Auferstehung annehmen. Schon im Evangelium haben wir erfahren, wie wahrhaftig schwer es ist, ein menschliches Zeugnis anzunehmen, und wie wichtig daher eine richtige Gemeinschaft ist. Christus selbst bestätigt die Gnade, daß wir Menschen eine Gemeinschaft sein können. Er verspricht: *"Selig sind, die nicht sehen und doch glauben" (Joh.20, 29).*

Im Leben der Christen ist diese gemeinsame Beziehung zum Vater entscheidend, da sie uns als Brüdern eine wahre Erkenntnis seiner Taten ermöglicht. Die Menschen, die Kirche haben zu entscheiden, auf welche Weise die Gnade Gottes gespendet wird. Aber diese Erkenntnis kann nur dann effektiv werden, wenn die Gläubigen, kraft ihres Glaubens an Gott das wahre Teilhaben an der Gemeinschaft der pilgernden Kirche besitzen. Bruder sein bedeutet, den einen Vater zu haben und in ihm die Verbindung zu den anderen Brüdern erfahren zu dürfen. Die Chance des Entdeckens wird uns vom auferstandenen Christus gegeben: in ihm sollen wir den Vater und den Mitmenschen finden, und auch uns selbst - in der Gemeinschaft.

96

In der Mitte des Lebens

Jesus tritt in die gewöhnliche Alltagserfahrung seiner Jünger ein, als er sie beim Fischen aufsucht *(Joh.21, 1-14)*. Er, das Leben, kommt in die Mitte ihrer Leben. Er beginnt das Treffen mit der Bitte um Essen. Und nicht nur das. Er bemüht sich darum, daß auch sie ein Essen bekommen. Deswegen befiehlt er ihnen, das Netz noch einmal ins Meer zu werfen. Beim Erfüllen des Auftrags erkennen die Jünger, daß er der Herr ist. Sie beeilen sich, um zusammen sein zu können, um mit ihm essen zu dürfen. Sie stellen ihm keine Fragen. Sie freuen sich, beieinander zu sein. *"Dies war schon das dritte Mal, daß Jesus sich den Jüngern offenbarte, seit er von den Toten auferstanden war" (Joh.21, 14).*

Jede Begegnung mit Jesus geschieht im Zentrum des Lebens, gerade in der Mitte, auch wenn er noch am Ufer steht. Der Anfang ist zugleich einfach und schwer: den Auftrag erfüllen, ohne zu zweifeln, ganz gehorsam, um dann zu durchschauen, wer es ist, der spricht. Petrus gibt dem erkannten Jesus sofort die Antwort. Er springt ins Wasser, um ihm näher zu sein. Er wird damit ein Modell für alle Zeiten: zum Herrn eilen, sich auf den Weg begeben, auf den Weg zu Jesus.

Jesus tritt in jedes Leben ganz konkret ein. Gerade ins Zentrum der täglichen Sorgen. Die Aufgabe, die gleichzeitig die größte Chance ist besteht darin, daß man ihn erkenne, ohne ihn zu überprüfen, auszufragen, vielmehr, seiner Stimme behutsam zuhörend und seine Aufträge erfüllend. Die Begegnung mit Jesus findet immer ihre Zusammenfassung, ihren Abschluß im Mahl mit ihm. Man muß erst mit ihm zusammen speisen und zusammen sein wollen. Er steht am Feuer und wartet. Bis zur Vollendung der Zeit. Er wartet auf uns, um uns zu beschenken, um uns zu sättigen.

Nehmen wir die frohe Botschaft auf, die uns der Auferstandene selbst durch seine Taten predigt. Machen wir uns auf den Weg, auf den Weg zu ihm.

98

Die Türe

Es gibt Haustüren, und solche, die Zimmer voneinander trennen; ganz schmale und breite, einfache und schön mit Schnitzereien geschmückte. Es gibt Türen, die man mit Freude, mit Hoffnung durchschreitet, und solche, die große Angst erwecken.

Es gibt auch Türen, durch die man ganz heimlich eintritt, am besten, wenn man von niemandem gesehen wird.

Es gibt verschiedene Türen.

In seiner Predigt unterscheidet Jesus die Menschen, die durch die Tür hineingehen von den Dieben und Räubern, die sich andere Möglichkeiten aussuchen, um hereinzukommen *(Joh.10, 1-10)*. Die Menschen, die hereinwollen wissen genau, weswegen sie kommen. Sie können auch entsprechend wählen, wie sie ihre Erwartungen erfüllen möchten. Die Diebe und Räuber, die Angst haben erwischt zu werden versuchen am meisten, sich zu verstecken. Ihre bösen Absichten bringen ihnen schlechte Entscheidungen.

Jesus ruft uns in seiner Ansprache auf, die Menschen so wie sie sind zu sehen: *"Wer durch die Tür hineingeht, ist der Hirt" (Joh.10, 2)*. Man braucht keine Sorge zu haben. Man hat es nicht nötig, ihn zu fragen. Die, die schon drinnen sind kennen ihn.

Jesus kam in die Welt durch die geöffnete Türe. Er hat immer offen gelehrt. Er hat von sich selber gesagt, daß er die Türe sei. Das war schon zuviel für die, die nicht für ihn waren. Bei den 'Räubern' hat er übergroße Angst erweckt. Sie konnten es nicht länger ertragen. Deswegen haben sie ihn dann gekreuzigt.

Jede Begegnung mit Jesus öffnet uns die Türe zu ihm. Sie ermöglicht es auch, eine Gemeinschaft zu bilden, die Gemeinschaft derer, die durch die offene Türe hereinkommen, die sich kennen, die Jesu Stimme von der eines anderen unterscheiden. Aber um diese Bekanntschaft zu vertiefen, um das Gehör in Übung zu halten müssen wir diese Stimme immer mehr zu hören versuchen. In der Osterzeit bleibt Jesus uns besonders nahe. Er ruft uns und fragt bei uns nach, durch welche Tür wir zur Begegnung mit ihm hereingegangen sind. Haben wir seine Stimme sofort erkannt? Und wie steht es mit unserer Angst? Verhindert sie nicht die tiefe Gemeinschaft miteinander?

"Denn meine Stärke und mein Lied ist der Herr.
Er ist für mich zum Retter geworden (Is.12, 2).

Er hat für uns die Türe geöffnet. Er ist für uns die Türe geworden, damit wir nicht mehr wie Räuber im Verborgenen suchen müssen.

100

Zusammen zu sein

Jeder, der mindestens einmal in einer Schlange stehen mußte weiß genau, was die Sorge bedeutet, ob man das Erwartete noch bekommen wird. Wenn man für den Zug keine Fahrkarte mit Platz-Reservierung hat ist man immer gespannt, ob noch genug Plätze frei sein werden. So ähnlich steht es auch um die Übernachtung im Hotel, wenn man nicht vorher gebucht hat. Eine solche Erfahrung ist sehr wichtig. Die Ergebnisse bleiben unabhängig von der Mühe, die wir uns geben, oder von unserer Bereitschaft, etwas zu tun. Man kann nichts mehr zur Situation beitragen: man steht hilflos, hoffnungslos da. Sehr oft gerade unter ganz dramatischen Umständen.

Jesus versucht im Evangelium, uns damit zu beruhigen, daß es im Hause seines Vaters viele Wohnungen gibt (*Joh.14, 1-6*). Es klingt so eindeutig wie eine Einladung: jeder, der kommt kann einen Platz finden. Ohne Angst, ohne Sorge. Sogar noch mehr: die Wohnungen sind schon fertig, vorbereitet. Sie stehen da und warten auf uns. Es besteht nur noch die Aufgabe, deren Erfüllung Jesus von uns fordert: wir müssen in die Wohnung hineinfinden.

Die Jünger, die Jesus hörten dachten sehr realistisch. Sie fragten sofort nach dem Weg zu diesen Wohnungen. Jesus aber sagte: *"Ich bin der Weg, die Wahrheit und das Leben" (Joh.14, 1)*. Er ist also alles, was zum höchsten Glück notwendig ist, alles, was der Mensch auf dem Wege braucht:

die Klarheit, die Sicherheit, die Perspektive der Unendlichkeit. Man muß nur standhaft bleiben: *"Euer Herz lasse sich nicht verwirren" (Joh.14, 1).*

Die, die Jesus hören streben nach dem Zusammenleben mit ihm. Schon in dem Moment, wenn sie dem Wort Jesu mit seiner Macht in ihren Herzen einen Platz einräumen gleichen sie denen, die aus der Finsternis in sein wunderbares Licht gerufen wurden und in diesem Lichte wandeln, bis zur Vollendung der Zeit.

102

Nur noch kurze Zeit

Nach seiner Auferstehung versuchte Jesus, den Jüngern die Verborgenheit des Geheimnisses Gottes näher zu erklären. Er offenbarte sich den Seinen, so wie er auch mit ihnen zusammengelebt hatte, im Kontext ihrer gewöhnlichen Lebenserfahrungen. In den Zeichen der Liebe ließ er sich als auferstandener Herr und Meister erkennen. Aber immer wieder verläßt er sie, trotz ihrer Bitten doch bei ihnen zu bleiben. Statt dessen verspricht er, den Beistand zu schenken, den Heiligen Geist.

"Nur noch kurze Zeit, und die Welt sieht mich nicht mehr; ihr aber seht mich, weil ich lebe und weil auch ihr leben werdet" (Joh.14, 19).

Das Verstehen des Zusammenlebens mit Christus, die Erfüllung dieses Strebens nach dem neuen Mitleben in ihm, dieses kann sich nur in Christus und durch ihn verwirklichen. Christus sehen zu können wird nur in ihm möglich, insofern wir in ihm leben. Denn das Leben wird nicht von der Welt geschenkt. Das Leben ist nur in Christus möglich: das ist das Leben mit ihm in Gott. Nur die, die leben können das Leben erfahren; noch mehr, sie werden das Leben schlechthin sehen, die Quelle des Lebens, dessen Ursprung und dessen Fülle.

Im versprochenen Beistand wird die existentielle Gemeinschaft mit Gott noch einmal neu geoffenbart. Jener ist der Geist der Wahrheit, der als wahre Anwesenheit Gottes in den Herzen der Jünger Wohnung findet. Er wird in den Herzen bleiben und wirken. Er wird die Liebe lebendig machen, so daß sich Gott in dieser Liebe nähern und offenbaren kann und wird.

Die Begegnung mit dem Auferstandenen, das Zentrum des Geheimnisses des christlichen Lebens bleibt uns immer als geschenkte Gnade. Die Voraussetzung der Möglichkeit, diese Gnade in Wirklichkeit erleben zu können ist Christus selbst, der uns nicht einsam lassen will, der für uns lebendiges Zeichen der Liebe Gottes geworden ist und treu bleibt, *"um uns zu Gott hinzuführen" (1 Petr.3, 18).*

104

Jünger Jesu zu sein

Bevor Jesus in den Himmel auffuhr forderte er die Apostel auf, alle Menschen zu seinen Jüngern zu machen. Jesus, dem die ganze Macht im Himmel und auf der Erde gegeben ist, will alle zum Vater ziehen. Das kann jedoch nur dann geschehen, wenn die Menschen seine Jünger werden, wenn sie in seinem Namen getauft werden.

Jesus nachzufolgen bedeutet seinem Weg nachzugehen, seine Schritte nachzuahmen, auf der Suche nach dem Zusammenleben mit ihm vom eigenen Leben zu opfern, um das Leben schlechthin zu erreichen. Jesus nachzufolgen bedeutet das Anvertraute und als Sinn des Lebens Geglaubte den anderen weiterzugeben, und sich selber so in diese lebendige Wahrheit einzuleben, daß man nach keinem anderen Glück außerhalb Gott strebt und das Zeugnis von diesem Glück weitergeben will. Für den andersartigen Gott Zeugnis ablegen kann man nur in der Kraft des Glaubens, daß der, der uns aufgefordert und berufen hat immer da ist. In der Tat ist er derjenige, der immer selbst weiterwirkt. Er braucht nur unsere Vermittlung, unsere schwachen menschlichen Kräfte, um seine geistige Anwesenheit gegenwärtig machen zu können.

Die Begegnung mit Christus, der in den Himmel auffahren wird, erweckt die wahre Sehnsucht nach dem Leben mit ihm. Die Trennung vom Auferstandenen belebt die Hoffnung, zu welcher wir in ihm berufen sind. In dieser Hoffnung erwarten wir den Heiligen Geist, der uns versprochen ist, um in ihm die Kraft für das Zeugnisgeben für Christus zu erlangen, um seine Jünger sein zu können.

Himmelfahrt

damit
die Augen nicht täuschen
die Hände sehnsüchtig nicht suchen
die Trennung nicht schmerzt
gehe ich weg

nur einmal noch berühre ich den Frühling
naß von den Butterblumen

danach
fährt die ganze Erde in den Himmel

Im Geheimnis bleiben

"Friede sei mit euch", "Empfangt den Heiligen Geist" (Joh. 20, 21-22). Die Befehle des Auferstandenen verändern das Herz seiner Jünger. Sie machen es verfügbar: im Dienste des Glaubens bleibt es nicht mehr einsam. Gott wird sich im Heiligen Geiste nähern, um die weitere Existenz der Jünger abzusichern: Existenz des Friedens und der Freiheit.

Die Begegnung mit Gott beginnt im Geheimnis des Glaubens: im Geheimnis der Geburt Christi. Sie beschließt sich im Geheimnis seiner Himmelfahrt und von Pfingsten. Auf dem Wege zwischen diesen beiden Geheimnissen erreicht jedes Leben seinen Sinn. Zwischen dem Geheimnis des Sich-Anvertrauens, Gott gegenüber, und dem Geheimnis der Verwirklichung des Glaubens liegt die Kraft, die uns als von Gott geschenkte Gnade erfahrbar wird. Diese Gnade ist die Gnade der Anwesenheit Gottes, der die Hoffnung, daß wir ihm Freund sein können schickt, der selber diese Hoffnung ist.

Wir leben im Geheimnis des Glaubens. Dieses Geheimnis lebt in uns. Es bleibt, solange wir auf dem Wege sind. Solange wir Gott aus der Ferne ersinnen und doch in der Nähe erfahren dürfen. Trotzdem bleibt doch immer auch die Dimension der Unsicherheit des Lebens, die nur in der Aufmerksamkeit des Wartens überwunden werden kann. Deswegen auch *"bitten wir euch, Brüder, bezüglich der Ankunft unseres Herrn Jesus Christus und unserer Vereinigung mit ihm: laßt euch nicht so schnell die Besinnung rauben und euch schrecken, weder durch eine Geistesoffenbarung noch durch ein angebliches Wort oder ein Schreiben von uns, als stünde der Tag des Herrn nahe bevor. Niemand führe euch irre auf irgendeine Weise" (2 Thess.2, 1-3).*

Um dies tun zu können, haben wir den Heiligen Geist empfangen: den Geist der Weisheit und der Einsicht, des Rates, der Erkenntnis und der Stärke, den Geist der Frömmigkeit und der Gottesfurcht.

Über die Aufmerksamkeit

ich versuche die Angst zu verlieren
daß ich die Sprachen verwirre
auf einmal fehlt mir das Wort

sage doch
daß du selbst dann
wirst beim Namen mich rufen

denn du erinnerst dich

Körnchen

der rote Theologiestudent
fuchtelte mit Argumenten herum
daß gregorianischer Choral
die Spitze geistigen Entzückens sei
die Erde trägt
die Spuren der Sehnsucht

jetzt aber
jetzt
wenn der Mensch
den Höhepunkt erreicht
empfindet er Elend
nichts als Elend
wenn er
die Augen nicht zum Himmel
erhebt
in konsequenter Nichtigung
von allerlei Begierden

also doch nicht

ich werde über die Betrübnis nicht klagen
wenn es denn sein muß

aber ich werde laufen
zwischen den Mauern des Schlosses
auf dem Wege nach Andalusien laufen

die Steinchen
der Wüste sammeln
die kleinsten Steinchen sammeln
und aus ihnen meinen Pfad bilden
und unter den Sternen aufstellen
die durch die zugedrückten Augenlider
dringen

Abendliches Gebet

der steinige Weg
auf dem der Freund
seine Wanderlust ausübt
windet sich mühsam
durch ganz Andalusien
aber sein Ziel
liegt doch nur wo
Du
es begehrst

warum
bücken wir uns
wegen glitzernder Körnchen
zu sammeln
zu bauen sogar auch in Ehrfurcht

sie drücken
wie Erbsen im Märchen das taten
und nehmen in Anspruch
das Bewußtsein des Lebens
statt uns zu leiten
auf Deinen Wegen
wie Perlen der Weisheit
und Goldstaub der Lust Gottes
wie Topaz
und andere farbfreudige Wunder

wir müssen Dich suchen
und doch
dürfen wir nur auf Dich warten
ganz so wie Du
pflegst es zu tun

der Knecht steht nicht
über dem Herren

dieser steinerne Weg
unter einsamen Sternen
führt weder rechts noch links
noch in die Ferne
wohin die Sonne uns zieht
er führt tief in uns
selbst
wo Du Zeltlager bist
und Besitzer und Gast

das Elend ist nur
uns're Angst
habe Mitleid

Ella J.G. Dunkley

Solange die Kräfte reichen

Den Zugang zur Wahrheit erreichen wir auf dem Wege. Unterwegs zu Gott entdecken wir die Vieldimensionalität unseres Lebens. In ihm selbst erfahren wir unser Glück.

"Ich freute mich, als man mir sagte:
Wir pilgern zum Haus des Herrn!
Nun stehen wirklich unsere Füße
in deinen Toren, Jerusalem".
(Ps. 122/121, 1-2)

Ja, wir Pilger sind Gott nahe. Wir glauben, daß er uns sieht.

Sei uns nahe.

Noch so viele Seiten vor uns...

Ach, wie das Blatt
im Winde sich dreht,
als ob es brechen
müßte.

Doch, ohne Wind
es nicht versteht,
wie es der Himmel
küßte.

Ella J.G. Dunkley

Inhalt

Streben nach Gott 13
Vorsehung 16
Versehen (Ella J.G. Dunkley) 17

Erwartung

"Höre, Israel ! Jahwe, unser Gott Jahwe ist einzig." 19
Euer Herz lasse sich nicht verwirren 20
Sei in unserer Mitte, Herr 21
Die Liebe ist Warten 22
Gehorsam des Glaubens 24
Bleibet wach 26
Selig, die warten 27
Abschied - Jan Steen 29
Im Feuer geprüft 30
Jung in Gott sein 31
Die Hand des Herrn 32
Lassen wir uns vom Heiligen Geist inspirieren 33
"Gepriesen sei der Herr, der Gott Israels !" 34
Das tiefste Geheimnis der Adventszeit... 35

Anbetung des Kindes

"Die Liebe Gottes wurde...dadurch offenbart..." 37
Solange wir noch leben 38
Die Anbetung des Kindes - Hugo van der Goes 41
Die wahre Weisheit 42
Der Zugang zur Wahrheit 44
Liebe, die groß wird 45
Es gibt keinen Zweifel 47
Wachende Frauen 49

Trinität - das Geheimnis des Anfangs 50
Die Freude der Meditation 52
Ihn anzuerkennen 54
Wie groß ist die Liebe 55
Einheit in der Vielfalt 57
Aus der Verborgenheit 59
Klarheit und Eindeutigkeit 61
Öffnet eure Augen und sehet 62
Gott suchen 64
Auf unseren Wegen 66
Herr, bleib als Licht auf unseren Wegen 67

Sei es sogar das Kreuz

"Errege dich nicht über die Bösen..." 69
Warum? 70
Unsere Stunde ist noch nicht angebrochen -
Hortense von Gelmini 71
Sei uns nahe 72
Freuet euch 74
Der Junge mit der weißen Binde - Hendryk Terbrugghen 76
Bevor er gekreuzigt wird 77
Palmsonntag in Basel *(Tatjana Goritschewa)* 78
Habt acht und freuet euch (Ella J.G. Dunkley) 80
Seid glücklich 83
Nehmt mir dieses Holz nicht fort - Cecco del Caravaggio 84
Kreuzweg 1987 (Ella J.G. Dunkley) 85
Die Offenbarung des Geheimnisses 86
"Christus Jesus war Gott gleich" 89

Zum Leben pilgern

"Gott, der voll Erbarmen ist" 91
Wo Leben zu finden ist 92
Gemeinschaft des Friedens 94

In der Mitte des Lebens 96
Die Türe 98
Zusammen zu sein 100
Nur noch kurze Zeit 102
Jünger Jesu zu sein 104
Himmelfahrt 106
Im Geheimnis bleiben 107
Über die Aufmerksamkeit 109
Körnchen 110
Abendliches Gebet (Ella J.G. Dunkley) 112
Solange die Kräfte reichen 114
Noch so viele Seiten vor uns -
* * * *Ach, wie das Blatt* (Ella J.G. Dunkley) 115

Weitere Veröffentlichungen von Andrzej Wierciński:

"Über die Differenz im Sein. Metaphysische Überlegungen zu Gustav Siewerths Werk" (Verlag Peter Lang 1989).
In Vorbereitung (polnisch): "Die scholastischen Vorbedingungen der Gustav-Siewerth-Metaphysik unter dem Aspekt der Seinsvergessenheitstheorie von Martin Heidegger. Historisch-kritische Studie".

Verschiedene dichterische Werke sind bisher in der polnischen Presse erschienen.
Veröffentlichte Gedichtbände (polnisch): "Dieses Wasser trocknet nicht aus" (Lublin 1988, Józef-Czechowicz-Preis); "Der Ober in schwarz" (Lublin 1989). "Dann erst werden wir trauern" (Elan & Son 1989), sowie das Kindergedichtbuch: "Beobachten durch die Wolken" (Elan & Son 1989).
In Vorbereitung : "Sieben Flecken".